智慧物业管理与服务系列

时代华商物业管理策划中心 组织编写

物业管理与服务从入门到精通

全国百佳图书出版单位

化学工业出版社

·北京·

内容简介

《物业管理与服务从入门到精通》一书分为四个部分：前期物业管理，包括物业前期介入、物业接管验收、业主入伙管理；日常服务管理，包括客户服务管理、二次装修管理、费用收取管理、智能服务管理；日常运作管理，包括设施设备管理、物业安全管理、物业保洁管理、物业绿化管理；物业运营管理，包括多种经营管理、品牌建设管理、节能降耗管理、风险防范管理。

本书采用图文解读的方式，让读者在轻松阅读中了解物业管理与服务的要领并学以致用。本书尽量做到去理论化，注重实操性，以精确、简洁的方式描述重要知识点，满足读者希望快速掌握物业管理相关知识的需求。

本书可作为物业公司基层培训的教材；物业公司也可运用本书内容，结合所管辖物业的实际情况，制定有本公司特色的物业服务工作标准。

图书在版编目（CIP）数据

物业管理与服务从入门到精通/时代华商物业管理策划中心组织编写. —北京：化学工业出版社，2022.9（2023.5重印）
（智慧物业管理与服务系列）
ISBN 978-7-122-41641-4

Ⅰ. ①物… Ⅱ. ①时… Ⅲ. ①物业管理-商业服务 Ⅳ. ①F293.347

中国版本图书馆CIP数据核字（2022）第100372号

责任编辑：陈　蕾　　装帧设计：溢思视觉设计 E-mail: isstudio@126.com
责任校对：刘曦阳

出版发行：化学工业出版社（北京市东城区青年湖南街13号　邮政编码100011）
印　　刷：北京云浩印刷有限责任公司
装　　订：三河市振勇印装有限公司
710mm×1000mm　1/16　印张14¼　字数191千字
2023年5月北京第1版第2次印刷

购书咨询：010-64518888　　售后服务：010-64518899
网　　址：http://www.cip.com.cn
凡购买本书，如有缺损质量问题，本社销售中心负责调换。

定　　价：69.80元

版权所有　违者必究

前言
Preface

随着城市化进程的不断加快与深入，居民社区、写字楼、大型商场、公共基础服务设施、工业园区、学校、医院、景区等都对物业管理这一行业有着极大的需求。但是，针对不同等级的物业标准又为物业管理的要求提出了相应的规范，而现代高水平的物业管理正有推向智能化发展的趋势，打造一个便捷、舒适、高效、智能的物业管理氛围是现代物业管理不断向前发展的探索目标。

目前，物业管理行业不仅需要强化各项信息化手段在现代物业管理中的应用力度，还应促使现代物业管理向着智能化方向发展，突出现代物业管理的智能化内涵，满足现代化社区对其中物业管理提出的要求，为居民提供更加智能化、人性化的服务，推动物业服务高质量发展。

2022年，住房和城乡建设部、工业和信息化部、国家市场监督管理总局等6部门联合印发《关于推动物业服务企业加快发展线上线下生活服务的意见》中明确指出，要推进物业管理智能化，强调推动设施设备管理智能化。物业管理行业逐渐进入泛智慧化的新阶段，设施设备作为物业管理领域中的重点和难点，同时也是融合新技术进行价值赋能最好的试验田，成为各物业公司的“必争之地”，其中以建筑智能化为抓手进行数字化转型已成为发展智慧物业的主要落脚点之一。

智慧物业借助智慧城市、智慧社区起步发展，正逐步实现数字化、智慧化。智慧停车、智慧安防、智慧抄表、智能门禁、智能会议等智能化应用，在一定程度上提高了物业管理企业的态势感知、科学决策、风险防范能力，在激烈的市场竞争中为降本增效提供了充分的技术保障，进而增强企业的数字化治理能力。数字化治理是新时代下智慧物业管理应用的鲜明特征，将引领物业管理行业管理方式的深刻变革，推动面向建筑智能化的智慧物业应用迈向新高度。

现代物业管理既是机遇又是挑战，因此，物业服务企业要重视各类专业的智能化管理技术，从劳动密集型向技术密集型转变，不断学习更新管理服务技术，紧跟科技潮流，向着更广阔的发展前景迈进。

基于此，我们组织相关职业院校物业服务专业的老师和房地产物业咨询机构的老师联合编写了本书。

《物业管理与服务从入门到精通》一书由前期物业管理、日常服务管理、日常运作管理和物业运营管理等内容组成，可为物业管理者提供参考。

本书在编写过程中引用的范本和案例，大都来自知名的物业企业，但范本和案例是解读物业服务企业标准化实操的参考和示范性说明，概不构成任何广告。

由于编者水平有限，加之时间仓促、参考资料有限，书中难免出现疏漏，敬请读者批评指正。

编　者

目录

Contents

第一章 1 前期物业管理

本章学习目标

1. 了解物业前期介入的常识。
2. 了解物业接管验收的常识。
3. 了解业主入伙管理的常识。

本章学习目标

1.了解客户服务的常识。

2.了解二次装修的常识。

3.了解费用收取的常识。

4.了解智能服务的常识。

本章学习目标

1.了解多种经营的常识。
2.了解品牌建设的常识。
3.了解节能降耗的常识。
4.了解风险防范的常识。

第一章
Chapter one

前期物业管理

本章学习目标

1. 了解物业前期介入的常识。
2. 了解物业接管验收的常识。
3. 了解业主入伙管理的常识。

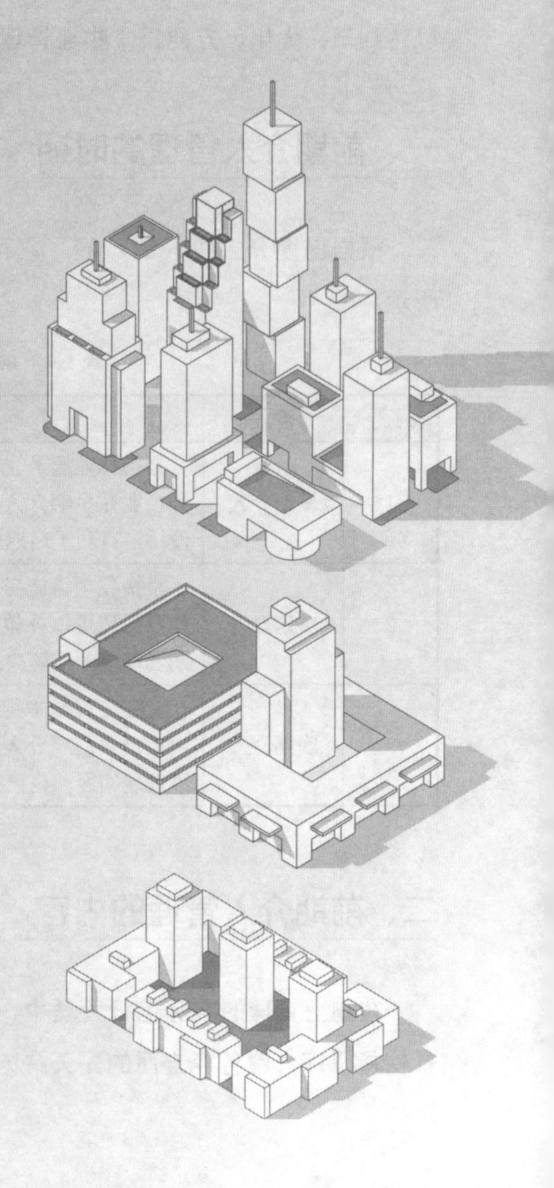

第一节　物业前期介入

物业管理前期介入，是指物业服务企业从地产公司开发选地、产品定位、营销案场、规划设计、工程施工及交接验收，到入住成立物业服务的整个过程中，为地产公司提出合理化建议、意见，并协助地产公司完善产品，以达到产品优化、方便日常物业管理的目的。

一、前期介入管理的时期

根据前期介入阶段的不同，它可以分为早、中、晚三个时期，如表1-1所示。

表1-1　前期介入的时期

序号	阶段	具体说明
1	早期介入	是指物业服务企业在项目可行性研究阶段即开始介入。物业服务企业在早期介入最好，此时提出的意见最及时，采纳后能优化设计，有利于后期管理工作的顺利进行
2	中期介入	是指在项目施工阶段开始介入。中期介入虽然晚一点，但是不少方面还可以补救，可以减少物业接管后的返工，避免一些在后期管理中难以解决的问题
3	晚期介入	是在工程基本结束、准备竣工验收和接管验收时介入。晚期介入虽仍属前期介入的范畴，但工程已经竣工，设备已经安装，如果发现问题，也已无法改变

二、前期介入管理的内容

在物业管理的实际运行管理中，部分房屋的施工建设质量、配套设施设备性能及综合服务等方面的先天缺陷长期困扰着物业管理企业，而这些先天不足都源于项目的开发阶段。要扭转这一局面，须把这些长期难以解决的缺陷尽可能在物业管理过程中缩小到可控范围内，这样，物业管理的前期介入就显得尤为关键。

1.通过投标来接洽物业管理业务

物业服务企业无论是开发商组建的、独立组建的、房管所转换的，还是各大系统组建的，前期管理必须不断开拓，可通过投标竞争来接洽业务，具体工作如图1-1所示。

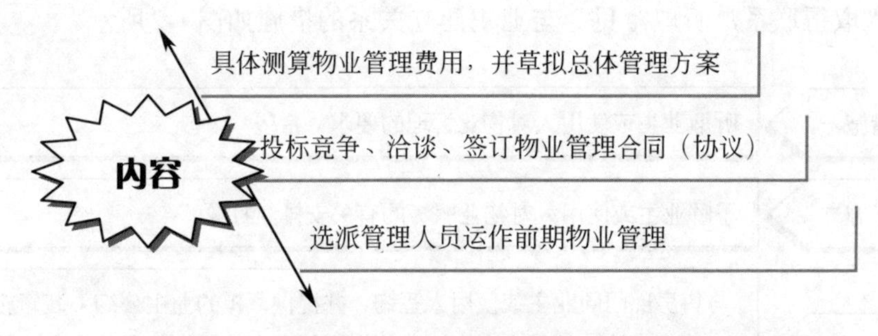

图1-1 通过投标竞争来接洽业务的工作内容

值得注意的是，物业服务企业在投标之前，要进行如下的可行性、可靠性、可盈利性分析。

（1）可行性分析。

可行性是指物业服务企业既要从自身的实际出发，考虑拟接管的物业与本企业的资质等级是否相符，该物业的接管能否发挥本企业的优势，做到扬长避短；又要考虑能否在该物业的管理权竞争中取胜，如果明知竞争对手实力比自己强大，就不必勉强竞争。

（2）可靠性分析。

可靠性是指拟接管物业的建设是否有保证，业主的资信条件是否较好并能协作配合等，以免管理权竞争得手后，由于业主或建设方面的原因，工作仍留有漏洞，造成今后的物业管理难以完善，给物业服务企业带来不应有的损失。

（3）可盈利性分析。

可盈利性是指物业服务企业根据自己的经营目标，测算物业的管理能否给企业带来正常利益，或近期虽无利润但企业能在该地区打开新局面，争取更多的业务。

2. 与业主建立联络关系

物业管理的管理对象是物业，而服务对象则是人，即业主和使用人。因此，物业服务企业既应与第一业主（开发商）共同协商，又要与未来业主或使用人取得联系，听取意见。与业主建立关系的措施如图1-2所示。

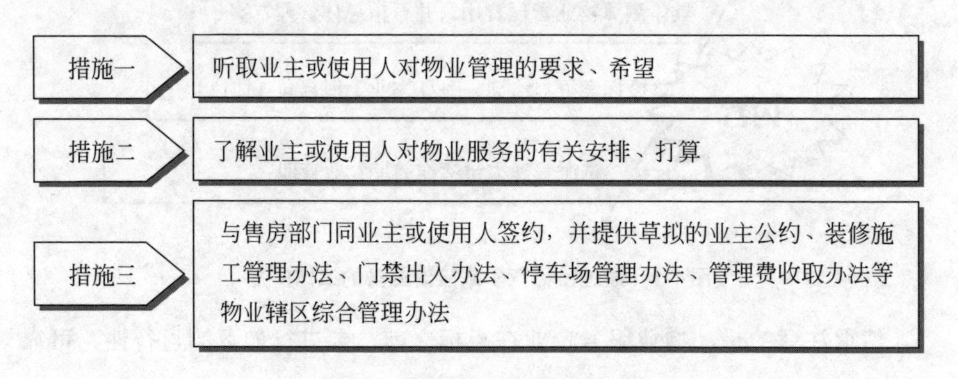

图1-2 与业主建立关系的措施

3. 察看工程建设现场

前期物业管理的目的是为以后的管理创造良好的条件，因此，物业服务企业应根据物业管理要求，对物业的规划设计及建筑施工提出合理建议，具体如下：

（1）审视工程土建构造、管线走向、出入线路、保安系统、内外装饰、设施建设、设备安装的合理性。重点察看消防安全设备、自动化设备、安全监控设备、通信设备、给排水设备、空调设备、车库及公用泊位设备、电力设备、交通运输及电梯设备、服务设备等。

（2）对施工现场提出符合物业管理需要的建议方案，并磋商解决办法。

（3）在施工现场做好日后养护、维修的要点记录，以及图纸更改要点记录。

（4）参与工程验收，进行器材检查、外观检查、性能检查、功能测试、铭牌检查，并按整改计划督促整改。

4. 设计管理模式，拟定管理制度

物业服务企业在前期管理中要根据业主和使用人的希望与要求，设计日后的管理模式，制定相应的规章制度，其中，还须与开发商一起草拟有关文件制度，具体如图1-3所示。

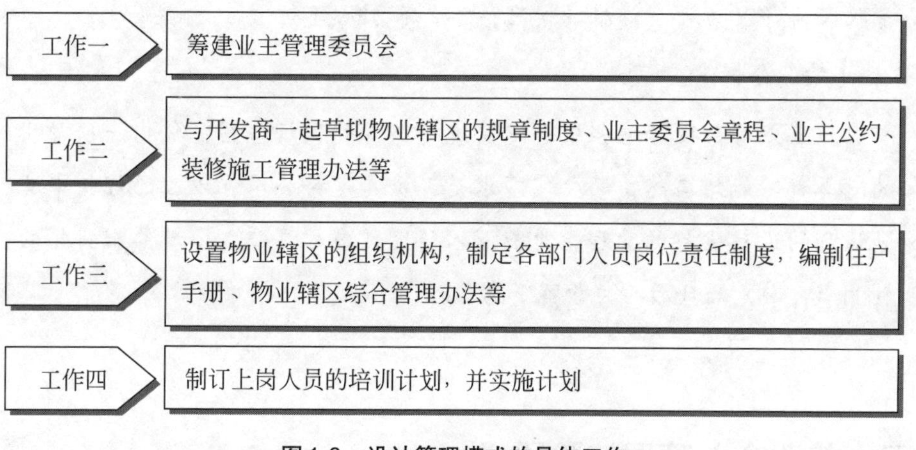

图1-3 设计管理模式的具体工作

案例赏析

费用测算不精确导致入驻后亏损

【案例背景】

××物业管理有限公司有这样一个高档居住物业项目，自20××年入驻管理以来一直处于亏损之中。他们翻开该项目的投标策划书，确认当时投标测算的价格中已包含了10%的利润，那么，又为什么会亏损呢？

进一步分析后发现亏损的主要原因是“供气损耗”。该楼盘有一项新的配套设施——向业主提供蒸汽热水，对××物业公司来说，从来没有碰到过这个情况。项目投标时，相关人员根本没有意识到其中的玄机，也没进行深入细致的调研，想当然地套用测算水电的方法。殊不知，差之毫厘，谬以千里。本身供气的损耗就非常大，加之房地产调控大环境下物业空置率高造成的用户使用率很低，损耗就更大了。据测算，每月单供气损耗一项就收支倒挂10万元左右，而该项目满打满算每月的物业服务费收入只有20万元，这样的情况，怎么不亏呢?

【案例分析】

物业公司在投标过程中一定要进行认真的现场考察，任何一项费用的测算都不能想当然，而要实事求是，尤其是对公司在以往的经验中从未遇到的设施设备的管理，更应深入研究，多方求证，以计算出科学的利润率，避免给日后的运营留下隐患。

三、前期介入管理的阶段

一个物业项目管理水平的优与劣，与其硬件设施先天条件的好与差有着重要的关系，如果一个物业设计得不合理或有许多先天缺陷，物业服务企业花再多人力、物力，提供再好的服务也难以得到业主的满意，因此，物业服务企业在项目规划设计、施工、接管、验收等阶段积极介入，做好扎实的前期工作，对日后减少管理遗留问题，提高服务水平，有着非常重要的意义。

1. 规划设计阶段

在规划设计时，物业的硬件一般就确定了，特别是机电设备、房屋结构、烟道走向、排污管径规格等设施，一旦安装成型后，是很难改变的。因此，一些问题如果能在设计阶段提出，哪怕在图纸会审时提出来进行改进，日后的物业管理就会更省事、省钱、省力。

2.施工阶段

物业服务企业应在房屋施工阶段参与开发商与各施工单位的工程例会，这样可了解房屋的施工进度和施工质量，还可根据施工的进度提前提出合理的建议。

比如，某楼盘在主体建设不到一半时，物业服务企业建议将原设计的变频供水改为水塔供水，这样既减少了日后的管理成本，又为开发商节省了设备费用。

又如，某楼盘楼道灯原设计是夜间长明节能灯，后经管理处与开发商协调，在费用调入基本不变的情况下，改为人体红外线感应灯。

在施工期介入发现问题可在工程例会上提出，如是较重要的，可以函的方式告知开发商给予重视。

小提示

物业服务企业在施工阶段介入，提出的建议如果对双方都有益，开发商基本都会答应，但这些建议的提出一定要把握好时机。

3.接管验收阶段

房屋的接管验收分为业主部分验收、公共部分验收和配套部分验收。

（1）业主部分验收。

业主部分验收时，应细致一些，把存在的问题尽可能地在业主入伙验房前处理完，这样在业主入伙验房时就会减少很多问题。

（2）公共部分和配套部分验收。

公共部分和配套部分验收的重点，包括图1-4所示的项目。

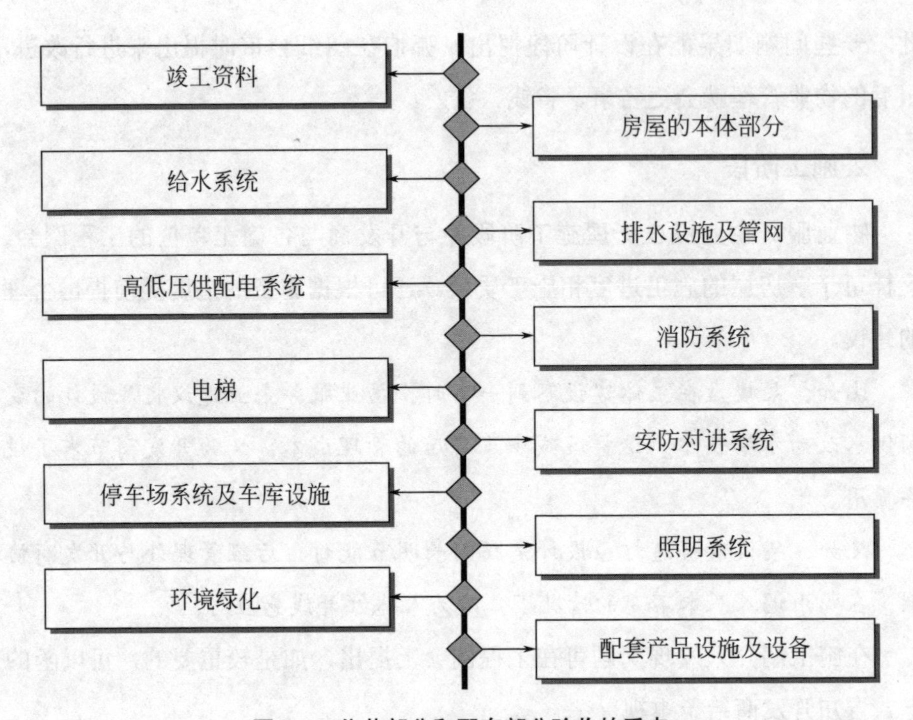

图1-4　公共部分和配套部分验收的重点

小提示

上述项目应仔细检查并试验、试用，如发现问题及时督促开发商整改后再验收，同时，各项目的技术资料一定要收齐并存档。

4.入伙阶段

入伙是物业服务企业第一次对业主面对面的服务，所以在入伙前物业服务企业一定要准备充分，要假设多个问题、多个对策，要保证所收取的每一分钱都能找到法律依据。一般在入伙时会有两个问题较集中。

（1）收费问题。

在收费上应注意图1-5所示的三个问题。

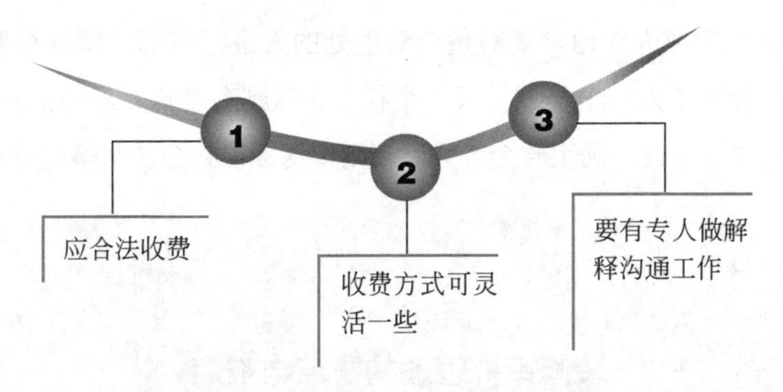

图1-5　入伙阶段收费时应注意的问题

（2）业主验房时提出问题。

对业主在验房时提出的问题一定要重视，并派专人负责协调监督开发商解决，这是体现物业服务企业服务的重点。如果是设计上的问题或业主提出的合理要求，物业服务企业应做好相关工作，既要帮开发商解释又要帮业主解决问题，不要一味地往开发商身上推，这样开发商和业主对物业服务企业都不会有好的印象。

小提示

在入伙时，要收齐业主应该提供的资料，如有未提供的，应做好记录并由专人负责催收。

5.装修审批管理阶段

装修审批管理是物业管理的开始，以后物业管理的好与坏，就要看装修审批管理这个重要环节，尤其是商铺管理，此环节就像建楼房的基础一样，把基础打好了，以后的管理工作也就轻松顺利多了。

要想做好这一环节，必须统一定位、统一目标、统一思想。在此之前，装修审批管理人员应充分熟悉整栋房屋结构，熟悉每个户型的特点和缺点，对于特殊楼层、特殊房型要重点研究特殊的对策。所定的装修要求和标准，不能只让装修审批管理人知道，要对整个管理处的人进行培训，管理处要坚持一个标准，不能一个人一个样或一天一个样。如遇到有难点、疑点的复杂问题，大家要一起讨论研究，确定一个方案，否则，这栋楼将会装修得五花八门。

经验之谈

装修审批管理的重点与难点

装修审批管理的难点和重点在于阳台的封闭和遮阳棚的搭建，这涉及房屋的外观和房屋的整体形象，同时也反映了一个物业服务企业的管理水平。对于阳台和遮阳棚要有足够的监管措施以及违章的处理措施。

四、早期介入管理的实践

在物业管理的早期介入中，物业建设单位的理解和支持是非常重要的，但物业服务企业能否在早期介入中提供有价值的意见和建议也是早期介入能否落实的关键环节。只有当物业建设单位变被动的强迫接受为强烈的要求物业服务企业参与，只有当物业服务企业把以前的“售后服务”思想变为早期介入的有效实践，物业管理早期介入才能得以有效落实，长期以来的建管脱节问题才能得以解决。

案例赏析

物业早期介入取得的良好效益

【案例背景】

××项目位于粤西的一个沿海城市，开发规模较大，总建筑面积达

40余万平方米，是当地最大的住宅建设项目，因此倍受当地居民和政府的关注。整个项目分三期建设，其中第一期为经济适用房，同时被列为该市重点工作，整个小区建设已申报国家康居示范工程小区。

该物业建设单位前期已开发过多个物业项目，且自己组建了物业公司，为把这个项目建设好、经营好，该物业建设单位拟聘请有经验的物业公司担任项目的物业管理顾问，帮助其解决前期的物业管理问题。

由于该地的房地产开发和物业管理水平在广东地区相对落后，消费者的置业观念和物业管理意识与其他地区比较还有差异，房地产售价和物业管理收费都处于较低的水平，因此，以下的分析都是基于这种现状。

一、项目论证阶段的介入内容

在该项目的论证阶段，物业公司就参与了工作，同时就该物业的市场定位、物业管理的基本思路和框架、物业管理的运作模式发表了意见，并得到物业建设单位的采纳。

（1）考虑到整个工程项目的状况，第一期属经济适用房，消费者大多属于中低收入阶层，在市场定位上除合理控制建设成本外，还应考虑降低物业管理成本。按此思路，第一期的绿化率可以低一些，设备选型可以便宜一些；而第二期、第三期的消费者为中高收入阶层，因此绿化率要高，设备选型要好。

（2）对整个项目的配套设施建设提出了意见，重点考虑配套设施的布局，既要方便未来业主的使用，又要防止对业主的生活产生影响和干扰。

（3）提出了人车分流的概念，这在该地属于新的提法，也是以后项目销售的亮点。

（4）确定了物业管理早期介入和前期管理的时间、方式和工作内容，明确了各配合方之间信息沟通的渠道，确定了分阶段物业管理的目标和要求。

二、规划设计阶段的介入内容

在规划设计阶段，物业公司参加了多次论证会，就规划方案提出了多项建议，并得以采纳，事后证明这些建议也受到了业主的好评。

（1）考虑到项目较大、分期开发的情况，建议在方案设计时采用分组团的布局，且各组团相对独立和封闭。这样有利于按服务对象的不同提供不同的服务内容，确定不同的收费标准，满足不同层次的消费者需求。

（2）对智能化系统的设计、商业配套设施的建设、中心会所及休闲区域的布局、幼儿园的安置、会所功能的设置等提供了主导意见。物业公司在实际运作方面有着丰富的经验，深得建设单位和业主的好评。

（3）就物业管理的条件在规划设计时予以落实，不仅明确了办公用房，还落实了物业管理人员宿舍、食堂、休息室、仓库以及清洁车的停放场地等。

（4）此阶段根据前期物业管理总体策划方案的思路，进行了详细物业管理方案的制订和实施进度表的确定，包括人员的编制及招聘、培训计划、费用测算等，这些都得到了建设单位的支持和认可。

三、建设阶段的介入内容

在建设阶段，物业公司跟踪了整个过程，召集或参与了多次专题讨论会，其中一次提出了18项整改意见，这些意见大部分都在建设中被采纳，典型的介入内容如下：

（1）对生活垃圾堆放、清运和处理方式提出了具体要求，要求设立足够的垃圾桶放置位置，要硬底化，同时要方便清洗。

（2）楼梯道大门的安排，既要便于安装对讲系统，还要注重美观实用和便于维修。

（3）在绿化带施工时，首先要考虑浇水管道的铺设，否则日后返修，会造成浪费。

（4）在施工过程中发现部分基础没有建好，而该区属填海区，易发生不均匀沉降，如果发生这种情况，此处的管网就会发生断裂，建议予以重新施工。

（5）督促物业建设单位将一些特殊的装饰材料留出一部分，以便于物业管理的维修和更换，如一些彩色地砖、镀膜玻璃、涂料等。

（6）对招聘的物业管理人员进行培训，并组织编写各类文件和规章制度，建立对内、对外关系的工作程序和工作要求，起草业主公约、装修管理规定和物业管理中涉及的文件资料。

（7）与物业建设单位一起，同供电公司、自来水公司、煤气公司等相关部门协调，确定相应的管理方式和收费标准。

四、销售阶段的介入内容

在此阶段主要介入了以下工作：

（1）在销售前，整理并全面完成物业管理方案，将许多涉及业主买房应知的内容，以书面文件的形式确定下来。

（2）销售前对售楼人员进行系列的物业管理培训，使他们对物业管理的基本概念和基本知识有所了解，对将来该小区的物业管理内容和模式有统一的理解。

（3）在售楼现场设立了专职的物业管理咨询人员，接受购房者的咨询，这种咨询和宣传沟通起到了很好的效果，避免了物业建设单位对物业管理的乱承诺，也使业主对未来的物业管理有了信心，增加了购买的欲望。

（4）为使业主或未来业主对物业管理有所了解，在销售时，就让已招聘的部分物业管理人员上岗，如清洁人员、保安人员、绿化人员的规范化工作，会让业主对物业管理的印象加深。

【案例分析】

该项目已取得了明显的经济效益和社会效益。

1.经济效益方面

（1）首期16万平方米已基本售完，二期建设虽然还未完成，但销售势头强劲，部分户型甚至出现了抢购现象，房价也上涨了不少，前期购房者都享受到了房屋升值带来的收益。

（2）物业管理由于小区的入住率较高和其他方面经营收入的补充，经济压力不是很大，同时，物业建设单位体验到了物业管理带来的效果，主动提出了给予其他方面的帮助，以支持物业管理水平的进一步提高。

2.社会效益方面

（1）该小区已被当地政府指定为参观点和示范小区，成为当地城市建设和物业管理的样板。

（2）小区的物业管理已成为当地政府制定政策法规的实验地。

（3）该小区物业管理的成功，为当地物业管理意识和物业管理水平的提高起到了非常积极的促进作用。

（4）该项目成功后，物业建设单位的形象大大提升，使很多其他物业建设单位提高了对物业管理的认识，纷纷邀请物业公司合作和加盟。

第二节　物业接管验收

物业接管验收，是物业服务企业接管开发商或业主委员会委托管理的新建房屋或原有房屋时，以物业主体结构安全和满足使用功能为主要内容的接管验收；是从物业日后的正常使用与维修的角度出发，同开发商、施工单位一起对物业质量进行的综合评定；是在竣工验收的基础上，进行的再验收。物业接管验收有利于发现存在的隐患，特别是隐蔽工程和复杂项目、设备的安装调试等，可确保及早发现问题并予以解决。

一、接管验收应具备的条件

1. 前提条件

接管验收的前提条件是完成物业竣工综合验收。物业竣工综合验收必须符合下列要求：

（1）所有建设项目按批准的小区规划和有关专业管理及设计要求全部建成，并满足使用要求。

（2）住宅及公共配套设施、市政公用基础设施等单项工程全部验收合格，验收资料齐全。

（3）各类建筑物的平面位置、立面造型、装修色调等符合批准的规划设计要求。

（4）施工机具、暂设工程、建筑残土、剩余构件全部拆除清运完毕，达到场清地平。

经验之谈

场清地平的要求

凡竣工的工程，一般应做到“八通一平”：八通即通上水、通下水、通电、通路、通信、通气、通热、通烟道；一平即楼前6米、楼后3米场地要平整，不准堆积建材或杂物，以确保进出安全。要做到气表、电表（单元表）、水表三表到户。室内要清扫干净，门窗、玻璃、管道要清理干净，无污物，达到窗明地净，地漏、雨水斗等处无堵塞杂物。

2. 必备条件

要求接管验收的物业必须具备以下条件：

（1）建设工程全部施工完毕，并竣工验收合格。

（2）取得新建住宅商品房准许交付使用证。

（3）供水、供电、供热、燃气、通信、道路、绿化和卫生等设施设备建设完毕，能够正常使用。

（4）电梯取得准用证，二次供水和消防设施取得合格证书。

（5）监控、门禁系统安装完备，能正常运行。

（6）备齐应移交的资料，包括物业产权资料、竣工验收资料、施工设计资料、电气设备资料、特种设备资料、消防验收资料、业主资料。

二、接管验收的准备工作

物业服务企业在对物业接管验收前，应做好图1-6所示的准备工作。

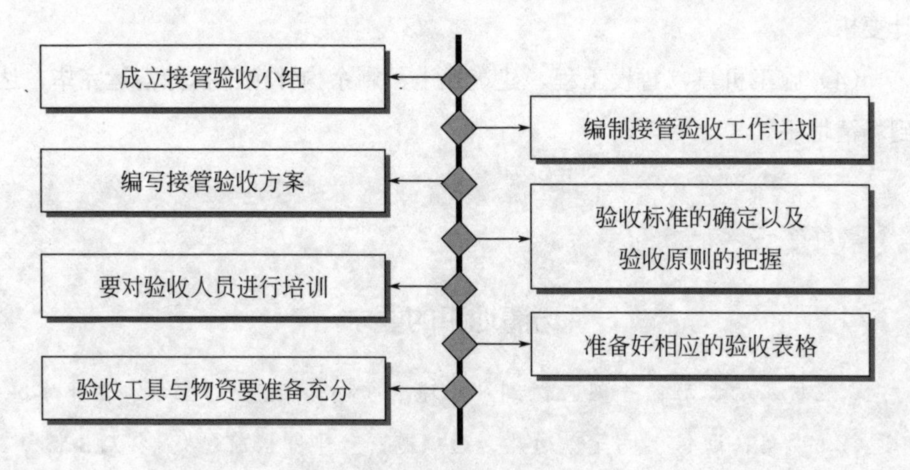

图1-6 接管验收的准备工作

1. 成立接管验收小组

为顺利进行物业承接验收，物业服务企业应成立物业承接验收工作组，并根据业务类别和工作需要分设若干个小组。

比如，联络小组、物业共用部位查验小组、共用设施设备查验小组、资料接管小组、财务接管小组等。

小提示

物业承接验收工作组应由素质好、业务精、对工作认真负责的管理人员及技术人员组成。

接管验收小组成立后，还应明确各小组的工作范围和职责。各个工作小组要详细划分承接验收的范围，做到全覆盖承接验收，不留死角，无遗漏。同时要明确各自的职责，要分工明确，要合理搭配管理人员和技术人员。

2.编制接管验收工作计划

物业服务企业应根据招标方入住的时间要求及管理委托合同中关于管理范围及服务标准的要求，组织专业人员编制接管验收工作计划，计划中应明确工作内容、各专业职责、工作标准及时间安排，若有条件还应绘制接管验收统筹图，以加强工作的计划性及严肃性，使接管验收工作有条不紊地进行。

3.编写接管验收方案

在接管验收前，物业服务企业应提前编制接管验收流程。由物业服务企业各专业人员组建验收小组，明确分工，编制验收方案。在方案中，要确定验收时间、验收标准、验收整改期限等内容，并绘制接管验收流程图。物业服务企业可以在方案中建议接管验收时由三方同时在场，这三方分别是开发商、施工方、物业服务企业。

4.验收标准的确定以及验收原则的把握

作为乙方的物业服务企业要为开发商提供物业接管验收标准及接收原则，以规范开发商的收尾工程工作，明确责任，从而保证物业接管及业主入住的顺利进行。在验收标准的确定上，物业服务企业一要依据国家标准及现场考察情况编写；二要依据物业管理委托合同中的服务标准进行编制。

5. 要对验收人员进行培训

要组织所有参加接管验收的人员进行相关培训，确保每位验收人员了解物业项目，了解物业项目的验收标准、验收程序、要求和问题的处理方法。这个步骤非常的重要，不可以因管理经验丰富而缺少。

经验之谈

验收人员要提前进入现场

根据统一安排，所有参与接管验收工作的各专业人员，包括土建、电气、电梯、暖通、空调、给排水、市政、园林绿化、保洁、保安等相关人员，要提前进入现场，了解房屋及设备情况，包括：图纸、其他相关书面资料、施工情况、设备安装调试等，以便对物业项目内的各项设备、系统进行调试。

6. 准备好相应的验收表格

物业服务企业经常会遇到招标文件不详、图纸资料不全、现场部分设备设施满足不了管理委托合同中服务标准的要求等问题。对于这种情况，物业服务企业应该首先准备好接管验收表格，包括房屋接管资料移交清单、房屋接管物业移交清单、房屋接管验收表、公共配套设施接管验收表、机电设备接管验收表、房屋接管验收遗留问题统计表、工程质量问题处理通知单等。

7. 验收工具与物资要准备充分

开展实地验收的时候，要用到一些工具，因此这项工作也必须事先准备好。

（1）万用表或试电笔。

（2）带线、带插头的灯泡。

（3）开井盖的铁钩。

（4）验收钥匙所用的标签。

（5）绑钥匙用的绳子、袋子和钥匙扣、钥匙牌。

（6）资料袋和档案夹。

（7）签字笔、复印纸、垫板等文具。

（8）检验管道用的水桶等。

三、资料的交接验收管理

物业资料属于物业管理的重要基础性资料，做好物业资料的移交，有助于物业服务企业对物业共用部位、共用设施设备的查验。尤其是隐蔽性工程（如地下管网），只有掌握了相关位置分布资料，物业服务企业才能及时找出问题，迅速处理突发性事件。

1.资料验收交接的要求

（1）各项资料的验收交接由工程部安排专人参与，通常由发展商、物业服务企业、施工单位三方联合组成资料交接小组。

（2）各项资料验收记录单上应有三方人员的签名，验收记录单通常一式三联，三方各执一联，三方验收交接完毕后，要签字。

（3）所有资料移交到物业服务企业后要由专人对资料进行分类整理、保存、归档，以确保接收的资料完整、有序，方便以后的日常管理。

2.必须移交的资料

按照《物业管理条例》规定，在办理物业承接验收手续时，建设单位必须向物业服务企业移交图1-7所示的资料。

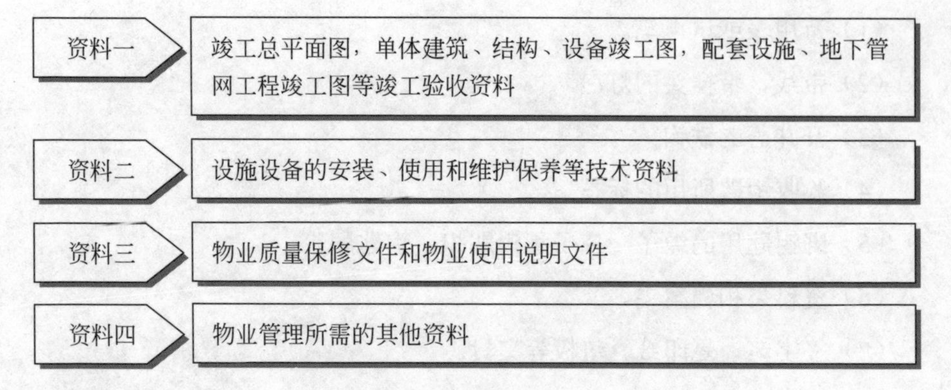

图 1-7 必须移交的资料

物业承接验收中的资料移交十分重要，如果移交的相关物业资料不完整，物业服务企业就没办法全面了解整个物业的基本情况，无法掌握共用部位、共用设施设备的状况，这样就会给日后的物业管理服务带来很大的困难。

经验之谈

不移交物业资料须承担法律责任

《物业管理条例》规定，不移交有关资料的，由县级以上地方人民政府房地产行政主管部门责令限期改正；逾期仍不移交有关资料的，对建设单位、物业服务企业予以通报，并处1万元以上10万元以下的罚款。

四、房屋实体的验收管理

房屋实体验收其实就是对物业共用部位、共用设施设备进行查验。在进行实体验收时，必须要做到以下两点：

1.掌握物业共用部位和共用设施设备的数量、状态和性能

对物业共用部位、共用设施设备进行查验，主要是摸清情况，掌握和了解物业的数量、状态和性能，以便于物业服务企业根据实际情况，采取适当方式维护物业，确保物业具备正常使用功能。

这在前期物业服务阶段尤为重要，因为，前期物业管理是一个物业管理区域实施物业管理的开端。通过认真的查验，对物业共用部位、共用设施设备情况进行全面掌握，可以及时发现缺陷和隐患，并敦促建设单位及时维修、补救，为后续物业管理打下良好的基础。

2.对问题要进行记录，且交接双方要确认

对物业共用部位、共用设施设备存在的问题应进行记录，并由开发建设单位和物业服务企业进行确认，分清双方的责任。

在实践中，有一些属于建设单位子公司的物业服务企业或急于承揽业务的物业服务企业对物业没有进行认真细致的查验，或者只是流于形式地进行查验，当出现质量问题时，一些业主认为是物业服务企业维护不力，而物业服务企业则认为是建设单位移交的物业存在质量缺陷，从而与建设单位互相推诿责任。不少物业服务企业为此承担了本应由建设单位负责的物业维修责任。

因此，在前期物业管理阶段，物业服务企业一定要认真做好与建设单位的交接查验工作，对于发现的质量问题要明确责任，应由物业建设单位进行整改和完善。

五、交接验收后的物业保修管理

物业保修责任是指建设单位对物业竣工验收后在保修期内出现的不符合工程建筑强制性标准和合同约定的质量缺陷，有予以保证修复的责任。

验收交接后的物业，在规定的保修期内，因施工造成的质量事故和质量缺陷，应按照住房和城乡建设部制定的《房屋建筑工程质量保修办法》的规定进行处理。

1.保修范围

各种建筑物、构筑物和设备安装工程的保修范围如下：

（1）屋面漏雨。

（2）烟道、排气孔道、风道不通。

（3）室内地坪空鼓、开裂、起砂、面砖松动，有防水要求的地面漏水。

（4）内外墙及顶棚抹灰、面砖、墙线、油漆等饰面脱落，墙面起碱脱皮。

（5）门窗开关不灵或缝隙超过规范规定。

（6）厕所、厨房、盥洗室地面泛水、倒坡积水。

（7）外墙漏水、阳台积水。

（8）水塔、水池、有防水要求的地下室漏水。

（9）室内上下水、供热系统管道漏水、漏气，暖气不热，电器、电线漏电，照明灯具坠落。

（10）室外上下管道漏水、堵塞，小区道路沉陷。

（11）钢、钢筋混凝土、砖石砌体及其他承重结构变形、裂缝超过国家规范和设计要求。

2.保修期限

房屋建筑工程保修期从工程竣工验收合格之日起计算。在正常使用下，房屋建筑工程的最低保修期限为：

（1）地基基础工程和主体结构工程，为设计文件规定的合理使用年限。

（2）屋面防水工程，有防水要求的卫生间、房间和外墙面的防渗漏，为5年。

（3）供热与供冷系统，为2个采暖期、供冷期。

（4）电气管线、给排水管道、设备安装为2年。

（5）装修工程为2年。

其他项目的保修期限由建设单位和施工单位约定。

3.保修事宜

关于交接验收后的物业保修事宜，物业服务企业与建设单位，应按照《房屋建筑工程质量保修办法》的规定签订保修实施合同，明确保修项目的内容、进度、期限、方式等。

为了保证保修的及时，交接双方可以根据具体情况协商采取下列方法：

（1）建设单位委托物业服务企业包干保修，建设单位一次性拨付保修费用，由物业服务企业包干使用，费用标准由双方依据物业质量商定。

（2）建设单位一次性向物业服务企业预付保修金，由物业服务企业用于应急代修，保修期满，按实结算保修金额。

（3）由建设单位组建一支维修小分队，在保修期内，留在住宅小区，承担各项保修任务。

在实际工作中需要特别注意的是，有的开发建设单位认为已经与物业服务企业进行了物业承接验收而拒绝承担维修责任，这实际上混淆了开发建设单位在与施工单位、物业服务企业、房屋买受人之间的不同法律关系中应承担的义务。物业承接验收只能约束签订物业服务合同的双方，即开发建设单位和物业服务企业，而不能对抗第三人。如果业主发现物业质量问题，仍然有权依据房屋买卖合同关系，追究开发建设单位的相关责任。

案例赏析

新购住房发生的维修责任由谁承担

【案例背景】

王小姐年初购得一套商品房，因梅雨季节连日阴雨，该商品房部分墙面开始渗水，损坏了王小姐室内的部分装修，王小姐为此多次向物业公司反映，物业公司也两次派人前来维修。虽经维修，该房墙面渗水问题仍然存在。物业公司表示，其已尽了维修义务，王小姐应与房地产开发商进行交涉。王小姐对此甚为不解。

【案例分析】

对房屋出现墙面渗水应视不同情况处理。

第一，如果王小姐与开发商签订的房地产买卖合同中对此渗水、开裂等质量问题有约定的，则按约定处理。

第二，如果无上述约定，依据我国相关法规对房屋建成后保修期的规定，在房屋保修期内发现渗水，可以要求开发商确定的维修部门上门维修。

第三，如果多次维修仍存在渗水问题，疑属房屋质量所致，王小姐可委托房屋质量鉴定部门对房屋质量进行鉴定，确属房屋质量问题的，且该质量问题影响购房人居住的，居住人可凭房屋质量鉴定报告通过协商或诉讼的途径，要求开发商维修并承担赔偿责任。

在这一事件处理过程中，物业公司可以协助王小姐与开发商进行联系，同时，在开发商派人来维修的过程中，应配合王小姐进行验收。

六、旧有物业的接管

旧有物业项目的接管通常是从业主委员会或者原物业服务企业手中接管，其所接管验收的内容会有所不同。

1. 资料接管

（1）物业资料。

物业资料包括物业产权资料、综合竣工验收资料、施工设计资料、机电设备资料等。

（2）业主资料。

业主资料包括业主入住资料（入住通知书、入住登记表、身份证复印件、照片等）和房屋装修资料（装修申请表、装修验收表、装修图纸、消防审批、验收报告、违章记录等）。

（3）管理资料。

管理资料包括各类值班记录、设备维修记录、水质化验报告等各类服务质量的原始记录。

（4）财务资料。

财务资料包括固定资产清单、收支账目表、债权债务移交清单、水电抄表记录、其他需移交的各类凭证及表格清单。

（5）合同资料。

合同资料包括合同协议书，对内对外签订的合同、协议原件。

（6）人事档案资料。

人事档案资料包括双方统一移交留用的在职人员的人事培训档案、考试记录等。

（7）其他需要移交的资料。

小提示

资料移交时应按资料分类列出目录，然后根据目录名称、数量逐一清点以确定资料是否相符完好。移交后，双方应在目录清单上盖章签名。

2.物业共用部位及共用设施设备管理工作的交接

（1）物业共用部位及共用设施设备。

物业共用部位及共用设施设备包括消防、电梯、空调、给排水、供配电等机电设备及附属配件，共用部位的门窗，各类设备房、管道井、公共门窗的钥匙等。

（2）共用配套设施。

共用配套设施包括环境卫生设施（垃圾桶、箱、车等）、绿化设备、公共秩序与消防安全的管理设施（值班室、岗亭、监控设施、车辆道闸、消防配件等）、文娱活动设施（会所、游泳池、各类球场等）。

（3）物业管理用房。

物业管理用房包括办公用房、活动室、员工宿舍、食堂（包括设施）、仓库。停车场、会所等需要经营许可证和资质的，移交单位应协助办理变更手续。

3. 人、财、物的移交或交接

（1）人员。

在进行物业管理移交时，有可能会涉及原物业管理机构在本项目任职人员的移交或交接，承接物业的公司应与移交方进行友好协商，达成共识。

（2）财务。

移交双方应做好账务清结、资产盘点等相关移交准备工作。移交的主要内容包括物业服务费、维修资金、业主各类押金、停车费、欠收款项、代收代缴的水电费、应付款项、债务等。

（3）物资财产。

建设单位提供以物业服务费购置的物资财产等，主要有办公设备、交通工具、通信器材、维修设备工具、备品备件、卫生及绿化养护工具、物业管理软件、财务软件等。

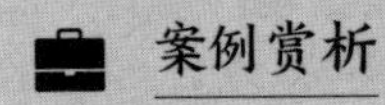

新老管家平稳过渡

【案例背景】

刚刚完成新老物业交接的××公寓，在一个多月里交齐了本年物业费，一些居民还提前交纳了明年的物业费。

××公寓是商品房和售后公房混合小区，有700多户居民，原由A物业公司管理。本年年初，A物业提出6月份将退出该小区，区房地办指导小区业委会开展物业选聘工作，最终选定B物业公司。B物业公司虽然是一家三级资质的物业公司，但是全体员工勤恳、敬业的办事作风得到了小区业主的认可。经业主大会表决通过，B物业公司和××公寓业委会签订了物业合同。

B物业公司在和A物业交接过程中，始终坚持以下三点原则，从而保证了小区顺利、平稳的交接。

一是紧密依托居委会、业委会，以“三位一体”为基础。尤其是在发放填写汇总征询表、进行新老物业交接公示、签订物业服务合同等关键步骤，居委会、业委会发挥了不可替代的作用。在整治小区、整顿门岗等工作上，除了依托居委会和业委会，还获得公安警署的大力支持。

二是扬前任之长，避前任之短。B物业公司在交接过程中不对前任物业公司多加评论，反而其对不足的地方尽量避免，并对遗留下的问题谋求解决办法。

三是留任原物业公司的部分员工。物业公司的交接常出现秩序维护员、保洁工和维修工的去留问题，这批人员在交接前容易人心浮动。B物业公司留任了A物业公司绝大多数的维护员、保洁工和维修工，稳定了人心，使工作有条不紊地开展，公司定期对这些留任人员进行考核。

【案例分析】

B物业公司很好地依托了居委会、业委会，同时，又与前任物业公司沟通协调得很好，尤其是解决了许多老物业撤离时犯愁的大问题——部分员工将失业。所以，顺利交接在情理之中。

第三节　业主入伙管理

业主入伙又称业主入住，即业主领取钥匙、收房入住。当物业服务企业的验收与接管工作完成以后，即物业具备了入伙条件后，物业服务企业就应按程序进入物业的入伙手续办理阶段。物业服务企业应及时将入伙通知书、入伙手续书、收房须知、收费通知书一并寄给业主，以方便业主顺利地办好入伙手续。

一、入伙前的准备工作

业主入伙前，物业服务企业应做好图1-8所示的准备工作。

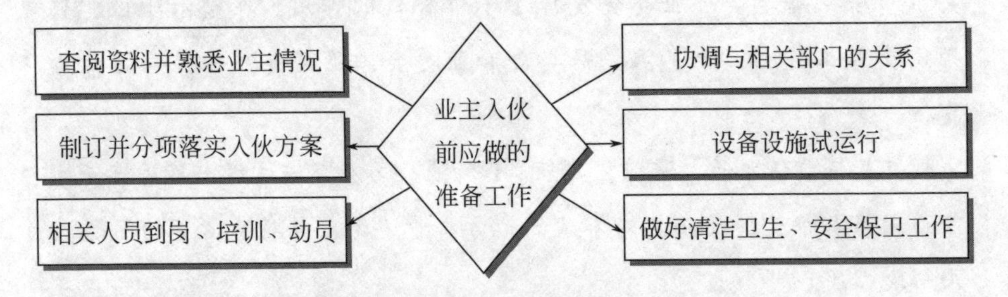

图1-8　业主入伙前应做的准备工作

1. 查阅资料并熟悉业主情况

入伙前，物业服务企业应组织人员及时从房地产开发商手中取得已售出物业的业主详细资料，并仔细对照接收到的物业资料，进一步熟悉每一位业主及其所购物业单元的相关资料，这样才能为每一位业主提供周到的服务。

2. 制订并分项落实入伙方案

（1）拟订入住流程。

（2）根据小区的实际情况和管理协议中对小区管理的要求，拟订入伙后治安、车辆管理、垃圾清运等方面的配套改进意见或整改措施。

（3）拟订、印刷相关的文件资料，如管理公约、住户手册、入伙通知书、收房须知、收费通知单、房产交接书、入伙表格等。

小提示

入伙管理工作是物业服务企业第一次正式面向业主提供服务的重要工作，也是考验物业服务企业管理能力的重要指标之一，而入伙工作的成败主要取决于入伙方案编制水平的高低。

3. 相关人员到岗、培训、动员

入伙前相关人员应全部到位，接受严格培训，并对其进行充分动员，以提高其工作能力，激发其工作热情，这样才能在今后的工作中减少差错，确保服务质量。

4. 协调与相关部门的关系

物业服务企业要和房地产开发商一起同水、电、燃气、电信等公用事业部门进行协调，解决遗留问题，以免业主入伙以后因此类问题引起纠纷，从而影响入伙工作及今后物业管理工作的正常开展。

5. 设备设施试运行

给排水、电梯、照明、空调、燃气、通信、消防报警系统必须进行试运行，如有问题应及时整改，以确保各设备设施处于正常的工作状态。

6. 做好清洁卫生、安全保卫工作

在业主入住前做好环境卫生清洁工作，让住户感受到一个整洁的住宅或环境。同时还要加强安全保卫工作，保证管理区域不发生盗抢事件，保证住户财物能够及时安全地搬入房内。

二、入伙常用的文件资料

入伙手续文件是指业主办理入伙手续时需了解和签订的相关文件，如入伙通知书、入伙手续书、收房须知、缴款通知书等。这些文件一般都由物业服务企业负责拟订，以开发商和物业服务企业的名义在业主办理入伙手续前发给业主。

1. 入伙通知书

入伙通知书是指物业服务企业在物业验收合格后通知业主入住，以及办理入伙手续的文件。

下面提供一份××物业公司××小区入伙通知书的范本，仅供参考。

经典范本

××小区入伙通知书

__________先生/女士/公司：

您好！

感谢您购买__________（案名）的房屋，我们高兴地通知您，经过本公司上下的一致努力，现__________（案名）已正式竣工交付使用，请您持本通知于____年____月____日前前往____路/街____号____________办理您所购房屋的入伙手续。根据你所签订的房地产买卖合同、物业管理协议及物业管理法规的规定，您办理入伙手续时尚有如下款项应予支付：

（1）未付楼款：____________元。

（2）物业维修基金：____________元。

（3）首期物业管理费：____________元。

（4）公摊水电费：____________元。

（5）其他费用：______________元。

注：届时随身携带以下文件：

a.个人：护照或身份证复印件（委托他人收房的委托书）。

b.单位：营业执照（或商业登记）影印本（法人委托书）。

c.入伙通知书。

d.房地产买卖合同。

如属上述（1）的款项，采用汇款形式时，请汇至：

公司名称：　　　　　　账号：　　　　　　开户行：

如属上述（2）～（5）的款项，汇款时请汇至：

公司名称：　　　　　　账号：　　　　　　开户行：

请在汇款单上注明所购房号。

再次感谢您成为我们的顾客，本公司将竭诚为您服务。

__________________有限公司

____年____月____日

2.入伙手续书

入伙手续书是指物业服务企业为方便业主，针对已具备入住条件的楼宇在办理入伙手续时的具体程序而制定的文件。其目的是让业主知晓入伙手续办理的顺序，使整个入伙过程井然有序。业主在办理入伙手续时，每办完一项手续，一般都会在入伙手续书上留有有关部门的确认证明，有关部门会在上面签字、盖章。

3.收房须知

收房须知是指物业服务企业告知业主收房时应注意的事项和程序，以及办理入伙手续时应该携带的各种证件、合同及费用等的文件资料。

4.交款通知书

交款通知书是指物业服务企业通知业主在办理入伙手续时，应该交纳的款项及具体金额的文件。

5.验房书

验房书是指物业服务企业为方便业主对房屋进行验收，督促开发商及时整改，避免互相扯皮，使问题能得到及时解决而制定的文件。

6.楼宇交接书

楼宇交接书是指业主确认可以接收所购楼宇后，与开发商签订的接收楼宇的书面文件。它证明了开发商及时提供了合同规定的合格的房屋商品，为开发商按合同收取欠款提供了法律依据，同时，交接书中重申了开发商按合同对房屋应承担的保修义务。

7.用户登记表

用户登记表是指物业服务企业为了便于日后及时同用户保持联系，提高管理和服务的效率、质量而制定的文件。

8.住户手册

住户手册表明了物业的概况，物业管理机构的权利和义务，管理区域内的各项管理规定，及物业服务企业的机构和各部门的职责分工、违章责任等，在用户办理入伙时发给业主，可使业主更好地了解物业、物业服务企业和物业管理相关规定，并方便今后物业管理工作的顺利展开。

9.业主（临时）公约

业主（临时）公约，一般是由物业服务企业拟订的，经过业主和物业服务企业共同签署并约束双方行为的，具有合约、协议性质的文件。

三、入伙的工作流程

业主入伙的工作流程，如图1-9所示。

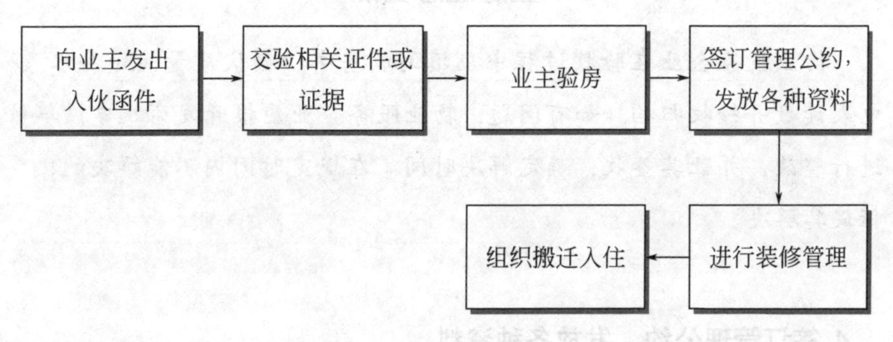

图1-9 业主入伙的工作流程

1.向业主发出入伙函件

入伙函件包括入伙通知书、入伙手续书、收房须知、交款通知书、用户登记表等。物业服务企业应告知业主在规定时间内备齐相关资料，到指定地点办理入伙手续。并接受业主咨询，确保业主清楚如何办理入伙手续，知晓相关管理规定。

2.交验相关证件或证据

物业服务企业应主动向业主出示公司有关证件、委托合同、政府文件、房地产开发商同意交房的书面文件等资料，并让业主出示身份证件或授权委托书、购房合同、房屋交款证明等资料。

3.业主验房

验房是业主的一项基本权利，也是其入伙的必要程序。物业服务企业应派专人接待并陪同验房。验收的重点项目是：给排水、门窗、供电、墙面、地板、公共设施等。

经验之谈

验房注意要点

物业服务企业在验收过程中应填写收房书，确认质量问题和水表、电表读数并核收归档。如有问题，物业服务企业应报开发商及建设单位进行整改，并让其签收，确定解决时间。在规定时间内不能解决的，要催促其解决。

4. 签订管理公约，发放各种资料

签约之前应给业主一定的时间，让其仔细阅读和认真研究其中的各项条款，要让其经过充分考虑，在不存在异议的情况下签约。然后发放住户手册、装修管理规定、收费项目一览表、装修申请表、业主（临时）公约等资料。

5. 进行装修管理

办理完房屋交接手续以后，各业主将会对自己的房屋进行装修，物业服务企业应对业主的装修进行必要的指导和管理。

6. 组织搬迁入住

业主在办理完各项入伙手续后，就可以搬迁入住了。物业服务企业可以帮助其联系专门的搬家公司或自行组织力量协助业主搬迁入住。

四、举办入住仪式

为了恭祝业主的乔迁之喜，让每一位业主感受到新家园、新生活的美好，同时展现未来物业管理人的良好形象，物业服务企业可以邀请业主代表、开发商及社会各界领导参加由物业服务企业举办的入住仪式，以营造安

宁、祥和、积极向上的氛围和良好的物业管理环境，为未来的管理获得一个良好的开端。

五、新入伙小区的管理重点

新入伙小区的物业管理工作往往存在较大的困难，如何做好这一阶段的物业管理工作，为之后的日常管理服务打好基础？这就需要针对难点有目的地开展工作。一般来说，新入伙小区的管理重点，如图1-10所示。

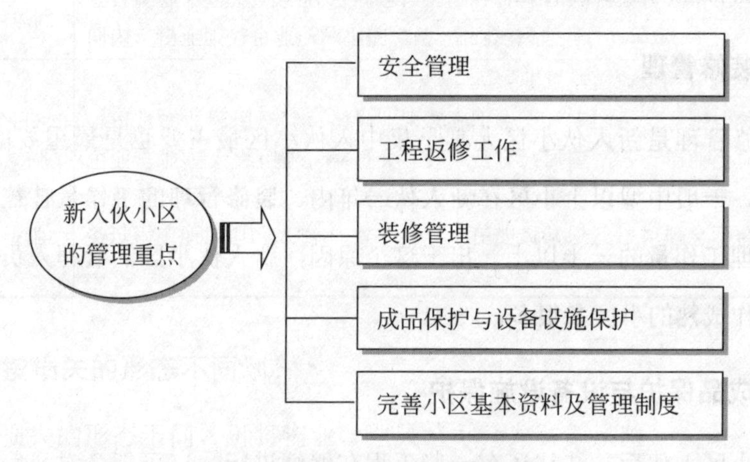

图1-10 新入伙小区的管理重点

1. 安全管理

新入伙小区的外来人员多、正常生活与施工同时进行、安全技防设施尚未正常使用，这些都存在着极大的安全隐患。另外，新入住小区的车辆管理系统尚未完善，而外来车辆又往往较多，极易发生车辆损坏现象。因此，做好小区治安安全管理、工地安全生产管理、小区消防安全管理、小区车辆安全管理等工作就显得十分重要。

2. 工程返修工作

经验表明，小区入伙后的两年内是业主因房屋质量问题而要求维修或补偿最多的时期，也是业主极易与开发商及物业服务企业发生矛盾、产生积怨的时期。房屋质量问题虽不是物业服务企业的责任，但处理不好，往往会令业主和物业服务企业之间产生矛盾，从而为日后的管理带来麻烦。因此，建立起业主与开发商之间的桥梁，积极跟进业主房屋质量的返修工作是新入伙小区物业管理的重要工作之一。

3. 装修管理

装修管理是新入伙小区尤其是集中入伙小区最主要也是最重要的工作。据统计，一般中型以上小区在新入伙一年内，装修管理的工作量往往占小区物业管理工作量的一半以上。出于这个原因，新入伙小区的管理人员投入往往比运作成熟的小区多很多。

4. 成品保护与设备设施保护

新小区入伙后，往往还有一些工程在继续进行，这可能会对已完工的成品及已安装的设备造成较大的损坏或影响，另外，业主入伙后的装修工程往往也会造成同样的问题。因此，保护好已完工的公共设施设备，保护好广大业主的长远利益，是新入伙小区物业管理的一项重要工作。

5. 完善小区基本资料及管理制度

新入伙小区的物业服务企业应利用各种工程移交验收及业主入伙的机会，完善小区各项设备设施基本资料及各户业主的基本资料，并分类造册归档。另外，还应针对小区的具体情况，制定各项管理制度，以方便日后的管理。

案例赏析

中海××苑顺利入伙交付

【案例背景】

中海××苑是中海地产在郑州的首个项目，2016年12月26日～30日，该小区展开了为期五天的集中交房入伙。

12月26日早上，是寒潮侵袭郑州的第一天，伴随着冰冷的雨夹雪，每一位来收房的业主都显得异常烦躁。但是，当他们踏进中海××苑的售楼部，看到工作人员都站到了门前笑脸迎接，并且为他们递上一杯杯热饮时，一股暖意油然而生。“蒋叔，田姨！”一位工作人员亲切地喊着自己的客户，现场的气氛犹如家人。

在交房前期，要邮寄“入伙通知书”，为了让每一位业主都及时收到，工作人员要逐一与客户进行核实，有的工作人员尽管电话讲的嗓子发炎，也一户不落。很多客户存在地址变更、号码错误等情况，工作人员会想方设法通过微信、最初的认购协议等与客户取得联系，只为第一时间让客户感受到入住新家的喜悦。

在入伙期间，中海××苑力求做到规范化和专业化。

1.证书公示

中海××苑的交房现场，在比较显眼的位置可以看到公示出来的五证和“竣工验收备案表”。户内也都张贴有“分户验收表”。其中，“竣工验收备案表”应该是开发商交付房屋时必须公示的内容，而郑州本地业主往往忽略了证书的重要性。

2.快修反应机制

在中海××苑的交付现场，除了统一着红色马甲的陪验师队伍之外，比较显眼的，就是穿蓝色服装的快修师了。对于户内发现的部分问题，陪验师可通过对讲机直接呼叫快修师，由他们当场处理问题，这让客户的感受很不错。

3.钥匙包

这个问题虽然很小，但却让业主感触很深。中海地产在房屋交付时会为每名业主提供一个红色的钥匙包。其中有挂扣的位置也有卡包的位置。钥匙、入户门禁卡、小区门禁卡、电卡、信报箱钥匙，都在其中。另外，在发放钥匙的同时，工作人员还会为业主进行展示和说明。

【案例分析】

中海××苑的园区绿化、房屋品质、严谨的交付流程，以及工作人员的服务态度，成为中海××苑顺利交房的有力保障。除此之外，中海××苑用心的服务态度、务实的做事方法，让每一位来收房的客户都感觉像回家一般，“欢迎回家”不仅仅是四个字的宣传语，更是每一位工作人员对业主真挚的承诺。

学习回顾

1.前期介入管理在哪个时期最合适？为什么？

2.如何在入伙阶段做好前期介入管理？

3.具备什么条件才可以接管验收？

4.如何对房屋实体进行验收？

5.旧有物业如何接管？

6.业主入伙前，物业要做哪些准备工作？

7.新入伙小区的管理重点是什么？

学习笔记

第二章
Chapter two
日常服务管理

本章学习目标

1. 了解客户服务的常识。
2. 了解二次装修的常识。
3. 了解费用收取的常识。
4. 了解智能服务的常识。

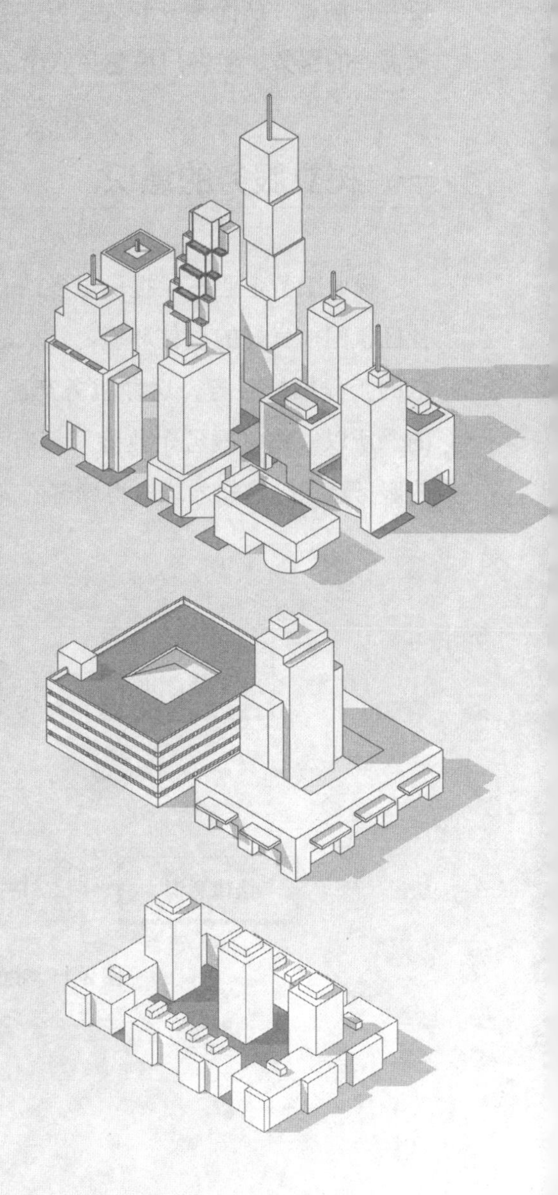

第一节 客户服务管理

物业服务企业属于服务性行业，其在经营、管理和服务的过程中，都应以客户满意为导向，要时刻站在客户的角度，为客户提供专业的服务，最终使客户满意，从而建立长久良好的客户关系。其中以客户为导向、提供客户所需要的服务、使客户满意是三个关键环节。

一、树立服务的意识

物业服务企业不能提供更多的有形产品给客户，他们所提供的是和谐的社区氛围，良好的居住环境，让人感到安全的安管服务、保障客户用水、用电的工程维修服务。这种服务产品的好坏更多是靠客户的主观感受来评价的，所以，物业服务企业除了拥有良好的服务技能外，还应树立图2-1所示的服务意识，这样才能取得顾客的满意。

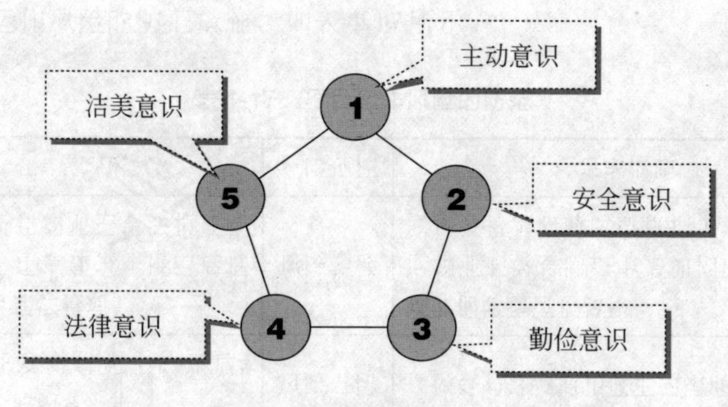

图2-1 树立服务的五大意识

1. 主动意识

以业主（用户）为中心，为业主（用户）提供体贴入微、尽善尽美的服务是物业服务企业的经营宗旨。管理工作中的服务态度、质量和效率是业主（用户）能实实在在感受到的东西。所以，物业服务人员在与业主（用户）接触的过程中应该主动热情、文明礼貌。

比如，见到业主（用户）要主动微笑打招呼，与业主（用户）交谈要落落大方、彬彬有礼。

此外，物业服务人员还要变被动服务为主动服务，与其等到业主（用户）请物业服务企业去解决问题，不如未雨绸缪，主动替用户着想。

比如，逢节假日来临，物业服务企业应该主动提醒用户注意锁好门窗、提高警惕，以加强安全防范。

至于服务效率方面，物业服务企业应根据物业的实际情况，对其提供的各项工程和日常服务工作进行指标量化。

比如，业主（用户）室内跳闸，物业服务企业保证15分钟内到场处理。通过实行服务对客承诺制，接受业主（用户）的监督，来促进物业服务企业服务水平的不断提高。

2. 安全意识

充分保证业主（用户）的生命和财产安全是管理工作的基本职责。对于提供24小时安保服务的物业小区而言，如果发生了业主（用户）财物被盗、遭遇人身攻击等治安问题，势必会引来业主（用户）的强烈投诉，而物业服务企业苦心营造的良好形象也将大打折扣。

因此，在日常工作中，物业服务企业要提高警惕，遇到问题、发现隐患要及时通知相关部门，各部门要通力合作，迅速予以解决。

另外，要形成定期检查的制度，及时查找管理工作中存在的治安和消防隐患，并采取措施予以整改，以不断提高安全防范意识。

经验之谈

人人都要有安全意识

若是由于物业服务企业管理不善导致火灾发生，其严重后果将不堪设想。小区的消防治安工作可以说是管理工作的重中之重。因此，物业服务人员应该具备高度的安全意识，人人都要把自己当成小区的“消防员”和“治安员”，掌握必备的治安消防知识，熟练使用灭火器材。

3.勤俭意识

物业管理收费是采取“以支定收”的原则，即“取之于业户，用之于业户”。作为业主（用户）聘请的“管家”，物业服务企业要懂得精打细算、勤俭持家，要争取以最合理的费用提供最优质的服务。物业服务企业应该全面分析管理费支出的各个项目，努力寻求经济效益和服务质量的最佳平衡点。

比如，各项需要外包的设备设施保养工作、原材料采购工作，要货比三家，挑选优质低价的分供方。

另外，各项设备的运行费用约占整个管理费支出的40%，所以，管理者要厉行节约、开源节流。

比如，制定严格的设备开关控制制度、进行工程技改、提高设备性能比，以降低设备运行费用。

4.法律意识

物业管理工作的一大特点就是要处理多部门的各种关系。

首先，物业服务人员要掌握相关的法律知识，以正确处理政府部门、业主（用户）和物业服务企业的责、权、利关系。

其次，物业服务人员还要懂得用法律知识来保护自己，即合理地规避管理工作中的一些法律风险。

比如，通过购买第三者责任险来规避小区内发生刑事案件产生的风险。

小提示

具备了较强的法律意识，当出现客户投诉、用户纠纷的时候，物业服务人员就不会束手无策，更不会因为处理不当而酿成大祸。

5. 洁美意识

没有物业管理的房管时代，由于缺乏统一的管理，各个业主（用户）都是“各家自扫门前雪”，致使公共区域卫生的脏、乱、差现象非常严重。现如今，为了拥有更高层次的物质和精神文明生活，广大业主（用户）更希望物业服务企业能营造出清新幽雅、舒适和谐的家居生活和工作环境。

因此，物业服务企业要通过制定各项公共地段和业主（用户）室内的保洁制度，来保持小区环境的整洁。另外，还要有开展美化环境的各项绿化工作。

二、提高物业管理人员的综合能力

要想为业主（用户）提供高品质的服务，物业服务企业就应致力于提高物业管理人员（简称物管人员）的综合能力，因为，服务都是靠人来完成的。物管人员的综合能力，主要体现在图2-2所示的方面。

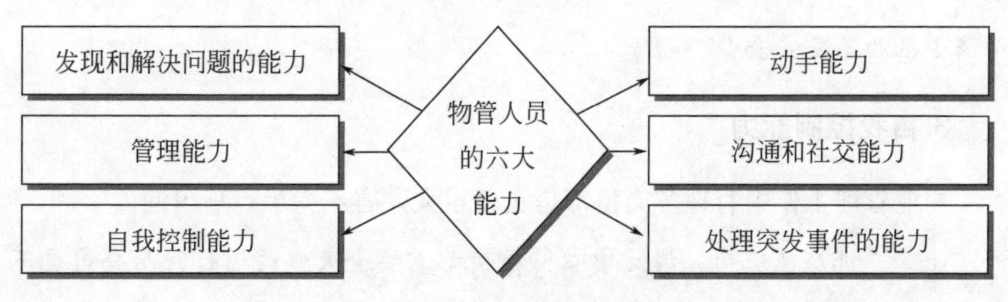

图2-2　物管人员的六大能力

1.发现和解决问题的能力

“没有最好，只有更好”，这样一句口号正好印证了物业服务企业前进的目标。虽说物业服务企业已建立了有关管理服务的规章制度，但如果员工只是机械地执行工作，而不善于开动脑筋，则很容易造成工作走过场的现象。工作在第一线的员工只要细心观察、主动服务，就能发现许多问题。

比如，工程人员在上门维修时，除应业主（用户）要求为其排忧解难外，如能根据自身的经验和技术，发现业主（用户）室内其他设备的问题，并主动为其提供检修服务的话，一定能赢得业主（用户）的好评。

此外，管理人员更要结合工作实际，大胆创新，勇于改革，提出一些有关降支节能、完善服务的合理化建议。

2.管理能力

物业服务企业将业主（用户）视为“上帝”，并不意味着管理工作就毫无原则、唯命是从。物业管理包含了服务与管理两方面的含义，除了要为业主（用户）提供面面俱到的服务外，管理者还必须对小区的综合收费、治安、清洁、绿化等工作进行统一管理。在管理方法上，要彻底将过去那种指手画脚的“长官式”的管理风格，变成富有人情味的温馨式管理。

比如，在节假日或非办公时间，为保证业主（用户）的人身和财产安全，物业服务企业会对进入小区的人员登记。由于进出人员较多且身份复杂，管理人员要灵活应对，争取做到既让业主（用户）出入顺利，又能充分保证小区的治安安全。

3.自我控制能力

物业管理工作中有许多岗位都是责任重大，容不得半点马虎的。

比如，机房值班岗、消防中心监控岗都需要全天候的运行，而公司也不可能实行24小时的监控，所以，员工必须加强自我管理，严格遵守各项规章制度，坚守岗位，履行职责，以保证设备设施的正常运转和消防治安无事故。

另外，在对客服务过程中会遇到一些蛮不讲理、拒不配合的业主（用户）。在这种情况下，物业服务人员要善于控制自己的情绪，切勿与业主（用户）发生争执，应根据有关规定，耐心跟业主（用户）解释，要做到以理服人。

4.动手能力

物业服务企业往往需要工程、保安、管理等各类专业人员，但最实用的却是“一专多能”的复合型人才。物业服务企业之所以设立各部门相互协调的服务程序，其最终目的就是提高服务效率。假如管理人员在巡视过程中发现有环境卫生、设备破损等力所能及的小问题时，不妨自己动手将问题迅速解决，既省去了各项程序，又提高了服务效率。

因此，物业服务人员除了要做好自身岗位的工作外，还要注意与其他岗位的人员多开展交流学习，努力让自己掌握一些处理工作中多发事故、突发事件的技能，使自己成为知识丰富且动手能力强的“管理杂家”。

5.沟通和社交能力

由于物业管理工作中涉及方方面面的关系，所以，能否正确处理与业主（用户）、主管单位及相关部门的关系就显得尤为重要。物业服务企业的中高层领导肩负着协调各方关系的重要责任，这就需要他们具有良好的沟通和社交能力。

在日常工作中，要制定定期汇报的制度，向业主（用户）汇报工作情况，对于工作中的一些重要和紧急事情，物业服务人员更要注意加强与业主（用户）的沟通。

6.处理突发事件的能力

用“养兵千日，用兵一时”来形容物业服务企业的工作可谓是恰如其分。一旦小区内发生电梯困人、消防火警和浸水漏电等突发事件，物业服务人员必须在第一时间做出正确反应，将事件的危害性降到最低。然而“冰冻三尺，非一日之寒”，物业服务人员在面对紧急事件时要想做到镇定自若、从容应对，一方面要加强理论知识的学习；另一方面，要从以往发生的事件中汲取教训、总结经验，这也是提高应急技能的好方法。

三、积极处理业主（用户）投诉

接待与处理投诉是物业管理服务过程中的重要组成部分，也是物业服务企业提高服务水平的重要途径。物业服务人员在处理业主（用户）投诉时，一般采取图2-3所示的几种方法。

方法一	耐心听取或记录业主（用户）的投诉，不当面解释或反驳业主（用户）的意见
方法二	对业主（用户）的遭遇或不幸表示歉意或同情，让业主（用户）心理得以平衡
方法三	对业主（用户）的投诉要求提出处理意见，满足业主（用户）的部分合理要求
方法四	感谢业主（用户）的意见和建议，并将其作为改进工作和完善工作的依据
方法五	督促相关部门立即处理投诉内容
方法六	把投诉处理结果尽快以电话或信函的形式反馈给业主（用户）

图2-3 投诉处理的方法

1. 耐心听取或记录业主（用户）的投诉，不当面解释或反驳业主（用户）的意见

业主（用户）前来投诉，是对物业服务企业某些方面的服务或管理产生了不满或意见，此时业主（用户）心里充满怨气，若物业服务人员只是解释或反驳业主（用户）的投诉，业主（用户）会认为对方不尊重其意见而加剧对立情绪，甚至产生冲突。所以，物业服务人员要耐心听业主（用户）“诉苦”并进行记录，使业主（用户）感受到物业服务人员虚心诚恳的态度，其怨气也会逐渐消除。

2. 对业主（用户）的遭遇或不幸表示歉意或同情，让业主（用户）心理得以平衡

业主（用户）投诉的问题无论大小轻重，都要认真对待和重视。物业服务人员要采取“移情换位”的思维方式，转换角色，设身处地站在业主（用户）的立场，来安慰业主（用户），以此拉近与业主（用户）的心理距离，并表示要立即改正自己的过错，这样，一般都会让业主（用户）感到满意。

3. 对业主（用户）的投诉要求提出处理意见，满足业主（用户）的部分合理要求

很少有业主（用户）利用投诉来表明与物业服务企业的“彻底决裂”，大多业主（用户）都希望通过投诉来与物业服务企业“谈判”，使物业服务企业重视其投诉，并能解决其投诉的问题。

小提示

物业服务人员要站在“公平、公正、合理、互谅”的立场向业主（用户）提出处理意见，同时，协调解决好业主（用户）遇到的困难和问题，满足业主（用户）的部分合理要求。

4.感谢业主（用户）的意见和建议，并将其作为改进工作和完善工作的依据

投诉是业主（用户）与物业服务企业矛盾的最大屏障。业主（用户）能向物业服务企业投诉，表明业主（用户）对物业服务企业还持信任的态度，物业服务人员要有“闻过则喜”的度量，应对业主（用户）的信任表示感谢，并把业主（用户）的投诉加以整理分类，以作为改进管理和服务工作的依据。这也可以让物业服务人员从另外一个角度检讨、反思物业服务企业的各项工作，从而完善和改进管理及服务工作。

5.督促相关部门立即处理投诉内容

对投诉处理的实际效果，直接关系到物业服务企业的声誉及整体管理水平。投诉处理的关键是，要尽快分析投诉内容，查清原因，督促有关部门限时进行处理，尽可能达到预计结果，并使业主（用户）满意；要确保不再发生同样的问题，坚决杜绝“二次投诉”的发生。

6.把投诉处理结果尽快以电话或信函的形式反馈给业主（用户）

尽快处理投诉，并给业主（用户）实质性的答复，是物业服务企业投诉工作中的重要一环。业主（用户）口头投诉可以电话回复，一般应不超过1个工作日；业主（用户）来函投诉则应回函答复，一般不应超过3个工作日。回复业主（用户）时可以向业主（用户）表明其投诉已得到重视，并已妥善处理，同时，及时的函复可显示物业服务企业的工作时效。

小提示

对业主（用户）的投诉，物业服务企业要定期进行分析总结，对反复出现的问题，应组织员工进行深入探讨并找出切实可行的解决办法，以防止事件重复发生。

案例赏析

代管宠物服务失误引发投诉

【案例背景】

某小区一女住户计划10月16日至22日全家出远门，家中的宠物猫无人照顾，又不想麻烦朋友，非常希望管理处能够帮忙，她表示工作很简单，只负责猫的三餐及换沙即可，并愿意按家政服务交费。管理处考虑到住户的实际困难，答应了住户的要求，并指定一名保洁班长专门负责此事。

住户外出期间，保洁班长认真负责，还额外完成了住户没有交代的事项，最后一天，他将猫喂得饱饱的，将房间打扫得干干净净的，锁好门，并将钥匙交给服务中心。第二天，保洁班长不放心，还交代服务中心核实业主是否到家。

谁知没过两天，物业公司总经理收到该户男户主的一封措辞激烈的投诉信，其指责服务人员虐待动物，不仁道，深深伤了住户的心，并表示物业公司的服务不过如此，从此对物业公司失去了信心。因男住户是某报纸的主编，文章写得十分犀利。

管理处在十分被动的情况下，全面仔细地了解了情况，发现事发原因是双方无明确的记录，保洁班长误以为住户的外出时间为16日至20日，结果，等住户返回家时，猫已饿了2天，家里一片狼藉。

服务中心人员在核实业主是否回家时，阴错阳差，又将802看成了702，当通知802（其实是702）住户取回钥匙时，702房业主居然回答：待会就来取钥匙，服务中心人员得到此回复，未作进一步跟踪，即确认802房住户已返家。了解了整个经过后，物业公司分别与男、女住户进行了沟通并致歉，最终得到他们的理解，事后，男住户又给管理处写了一封赞扬信。后来，二位移居至加拿大，临走时与管理处人员告别，坦言道：我们住过了许多地方，觉得你们的服务是最好的。

【案例分析】

本案例中，物业管理处对住户交代的事项未认真做好记录，是造成本事件的主要原因；服务中心人员在通知住户取钥匙后如继续跟踪，就会发现通知对象有误，也会避免此事件的发生。物业管理工作的特点要求从业人员的工作必须细致，要把服务对象的小事当作工作中的大事，同时，物业公司在管理上应尽可能规范化、制度化、表格化，以防止具体操作人员的失误，影响了公司的服务质量。

四、定期走访业主（用户）

如今的交流，大多都习惯于打电话、发微信或是电子邮件，但这些方式始终难以代替最古老、最朴素的长谈。双方的情绪、眼神、肢体语言、面部表情可以相互感染和影响，一杯热茶、一瞬微笑可以前嫌尽释，化干戈为玉帛，完全融解了文字的冰冷和电话的客套，有着其他方式无法比拟的优点。

因此，物业服务企业应当对业主（用户）进行走访，与业主（用户）做好充分的沟通工作，通过双方的共同努力，来维护好物业小区的良好环境。

1.走访的人员安排

物业服务企业走访业主（用户）时应做好人员安排，例如，走访通常由两个人组成一个小组，人太多，反而让人感觉是去打架，会给业主（用户）造成心理上的压力；小组成员通常是一男一女，不管业主（用户）是男是女，都不会引起尴尬和不便，成员之间也可以有个照应和第三方的见证。

2. 走访的时间安排

（1）走访安排在业主（用户）的空闲时间较为合适，占用业主（用户）的休息时间也是不尊重对方的表现。

（2）走访的时间要长短适宜，太短达不到效果，太长则会影响业主（用户）的正常生活与工作，走访时间通常是20分钟或一个小时，当然也不能一概而论。

（3）走访应提前预约，不能给业主（用户）来突然袭击。

五、与业主委员会有效沟通

业主委员会的角色是独特的，因为委员们都来自于业主，也都了解业主们的心态，知道该用什么方法处理好一些棘手的事；而且委员们来自社会的各行各业，有丰富的社会经验和高超的处事技巧。物业服务人员在日常工作中要与之进行有效的沟通，以获得他们的支持与帮助。

1. 必须进行沟通的事项

（1）确定物业服务费标准。

当合同规定的费用标准不能满足物业管理实际工作需要时，物业服务企业应与业主委员会进行沟通，并经业主大会表决批准，适当地调高服务费用标准。当合同约定的费用标准超出需要时，物业服务企业也要和业主委员会进行沟通，以求降低费用标准。

（2）召开业主大会。

按照“业主大会规程”要求，业主委员会要定期组织业主召开业主大会和临时业主大会，以讨论并决定相关事项，其中包括制定和修改业主公约，物业区域内物业共用部位和设备设施的使用，区域内的秩序、卫生等规章制度，物业维修基金的使用、续筹，以及选聘物业服务企业等事项。

（3）共同催收物业服务欠费。

向不交纳物业服务费的业主进行催收是业主委员会的法定义务。而实际工作中，欠费催收工作大都由物业服务企业承担，业主委员会履行催收义务的寥寥无几。为避免因欠费而导致的企业亏损风险，物业服务企业应积极地与业主委员会进行沟通，以获得业主委员会的支持。

（4）物业共用部位的经营。

物业共用部位、共用设备的经营，如在小区内公共场地、大堂等搞展销活动，在外墙、天台上树经营性广告等，应积极与业主委员会沟通，以获得业主委员会的批准。

（5）物业管理维修基金的使用。

物业共用部位、共用设备设施的维修更新费用从物业管理维修基金增值部分中开支，具体使用计划由管理公司提出，经业主委员会批准后实施。

（6）预算外的管理支出。

在实际管理运作中，经常会有一些支出是编制预算时未考虑到的，如政府的收费、维修工具（仪表）的更换等，只要是预算外的支出一概要报业主委员会审批。

2.沟通的技巧

物业服务企业与业主委员会之间的有效沟通，是物业管理控制成本最低化的必需条件。物业服务企业在实际工作中，与业主委员会进行沟通，应掌握图2-4所示的技巧。

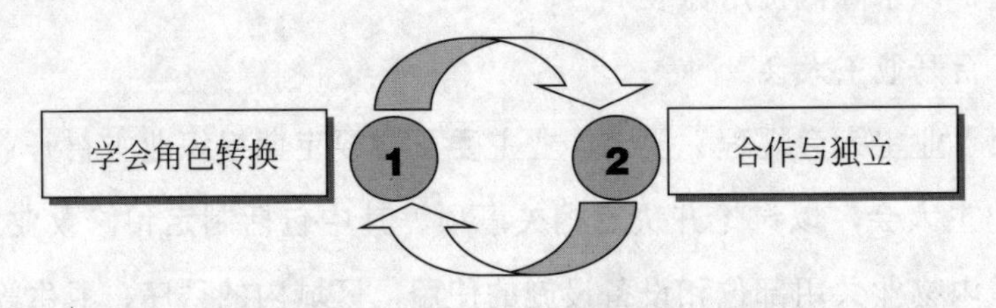

图2-4　与业主委员会有效沟通的技巧

（1）学会角色转换。

在与业主委员会的交流和沟通中，物业服务人员要给予业主委员会足够的尊敬，要让他们有发言权和用武之地。

由业主委员会出面解决某件事情，业主的心情可能就会不一样，因为委员们生活在广大的业主中间。委员们对业主的了解和业主对委员们的信任是同等程度的，有了这种天然联系，业主委员会作出的决定很容易为广大业主所接纳。

（2）合作与独立。

合作是一门学问，合作中讲究妥协和理解。物业服务企业和业主委员会应该保持各自独立的存在和独立的特性，两者应既特立独行又形影不离。

案例赏析

物业公司与业主委员会合作维权成功

【案例背景】

某小区隔壁的一个单位，在围墙边建造了一个厕所，环境卫生和气味直接影响到了小区的居民，对此业主反响很大。物业公司曾多次到隔壁单位协调处理，跑断腿、磨破嘴，但无济于事。有些业主对物业公司有意见，认为物业公司没尽到协调义务。于是物业公司找到小区业主委员会，希望得到业主委员会的帮助，大家共同努力解决。小区业主委员会带领小区广大业主，在物业公司的配合下，开展了一场声势浩大的维权活动。经过多次交涉，隔壁单位终于拆除了厕所，还了小区业主一个空气清新、卫生清洁的环境。

【案例分析】

物业公司和业主委员会始终保持良好的沟通，许多问题都会顺利得以解决。其实，对于一个小区的业主委员会和物业公司来说，两者的关系应该是双赢的，他们都是为了落实物业管理委托合同，为业主提供更好的物业服务，他们是共生、共利、共同协作的督导关系。两者虽然所处位置不同，但共同建设一个和谐社区、保证全体业主安居生活的最终目的是相同的。

六、邻里关系调解

俗话说“远亲不如近邻”，但现实生活中，侵犯相邻权、邻里纠纷甚至闹到法庭的例子比比皆是。相邻关系纠纷主要涉及房屋漏水、通信、采光、噪声、排污等，作为小区的管理者，物业服务企业往往不得不参与其中进行调解。在调解中，需注意图2-5所示的事项。

图2-5　调解邻里关系应注意的事项

1.要懂得和运用好法律、法规和政策

作为一名物业服务人员，在日常调解工作中，首先要懂得和运用好法律、法规和政策；对每一起邻里纠纷的起因要全面了解，不可只听一方当事人的片面之词；对引起纠纷的事情要有正确的辨析能力，要把握好纠纷事情的轻重缓急，适时进行调解。

要寻找一种双方都能体面接受的方式进行调解，对双方动之以情，晓之以理，在不伤和气的氛围下妥善解决纠纷。同时，在物业服务企业的能力范围内提供一些实际的帮助，也可以解决引起纠纷的问题。

2. 积极营造符合时代特征的多元化交往方式

目前，在许多社区里，“邻里如一家”的和睦关系荡然无存，邻里之间缺少互帮互助、相互谦让，楼上楼下甚至相互不认识，没有必要的沟通。因此，物业服务企业可针对目前人与人之间平时缺少沟通，邻里间又不相互往来，缺少互助精神的特点，和居委会、街道办等相关部门积极营造符合时代特征的多元化交往方式，比如：

（1）多举办各种社区活动，利用共同的兴趣把业主（用户）请出家门，通过活动和聚会交往，使邻里间慢慢地培养感情。

（2）让业主（用户）可以有渠道反映日常生活的问题并互相交流，在减少矛盾和摩擦的同时也建立起互助互爱的邻里关系。

案例赏析

保安员巧妙处理业主纠纷

【案例背景】

某日晚九点多钟，某管理处接到一用户的电话，用户在电话中说有人捣乱闹事，请求帮助。原来该用户是一家设计公司，承接了一单设计图片的业务，对方来取货时，因质量问题，双方发生了争执，该公司的负责人要求保安员将来人强行拉出房间。

保安员心里想：保护业主的利益和安全是我们的职责，但是真的按业主要求，采用简单粗暴的方式，将难以收场。于是保安员并没有按业主的要求去执行，而是劝他们都冷静下来，告诉该客人保安的职责是维护小区内安静的生活和工作秩序，他们业务上的纠纷，希望能心平气和地交涉，不要激动，只要双方各让一步，就没有解决不了的问题。

听保安员这么一劝，紧张的气氛当时缓和下来。来人抱怨地说自己投资了一百多万，如果因图片印错而误事，弄不好要血本无归。而该公司的员工也承认他们的设计有问题，可设计人员已通宵加班，做了必要的修改，希望对方再看一下是否满意和接受。

来人听说已做了修改，虽然嘴里仍在发牢骚，但同意再看一看，不料一看竟非常满意。设计公司的员工也再三表示歉意，为了今后长期合作，愿意对此次设计打点折扣……

一场风波就此烟消云散，双方都一再对保安员示感谢。

【案例分析】

大多数情况下，人们碰到懊恼的事情时，都只是一时的气愤，尤其是生意人，通常都遵循“和气生财”的千年商训，轻易不愿跟客户发生矛盾而败坏自己的声誉，在有纠纷发生时，只要有中间人出面调解，事主双方各让一步，事情一般都会解决。在本案例中，这位保安员做得非常好，他不是简单地按业主的要求将来人强行拉出去，而是从长远管理的角度去考虑，劝双方冷静下来解决问题，因为唯有问题解决了，纠纷或矛盾才能真正地化解。所以物业管理人员在处理问题时，一定要多观察、多动脑，不要太冲动、太盲目，以免发生不愉快的事情。

七、开展客户满意度调查

物业服务企业应定期开展业主（用户）满意度调查工作，主动征求业主（用户）对公司的意见和建议，以便在工作中进行改进，从而将可能发生的矛盾提前消除。

1.确定调查内容

业主（用户）满意度调查应涉及物业服务的各个方面，具体包括如图2-6所示的内容。

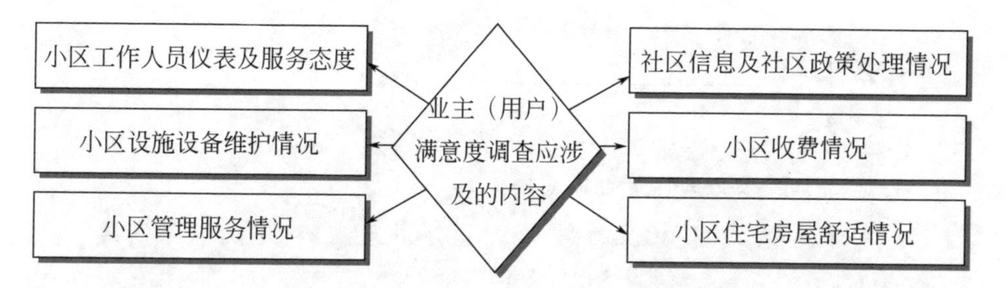

图2-6　业主（用户）满意度调查应涉及的内容

2.发布调查通知

为了让业主（用户）对调查工作提前做好准备，物业服务企业应在调查工作之前发布调查通知，通知可张贴在小区公告栏中。

3.设计调查问卷

对业主（用户）满意度调查的方式很多，如上门调查，即物业服务企业安排专门员工上门调查。不过一般用得最多的还是问卷调查，即物业服务企业根据业主（用户）的各个方面制作出问卷调查表，由业主（用户）填写，来收集业主（用户）对物业管理的意见和建议。

下面提供一份××物业公司业主满意度调查问卷的范本，仅供参考。

经典范本

业主满意度调查问卷

为了进一步完善物业的管理工作，给各位尊敬的业主提供更优质的服务，请您在百忙之中填写这份调查问卷，并提出您宝贵的意见和建议。您对问卷的作答将有助于我们发现管理中的问题，同时也是对我们工作最大的支持。

业主姓名：____________________

业主房号：____________________

联系电话：________________

一、保安

1.您对小区保安工作是否满意？

☐非常满意　☐比较满意　☐不满意　☐非常不满意

理由：________________________________

2.您对保安人员服务态度是否满意？

☐非常满意　☐比较满意　☐不满意　☐非常不满意

理由：________________________________

3.本物业公司对有关保安工作的投诉处理是否及时？

☐非常及时　☐比较及时　☐不及时　☐非常不及时

理由：________________________________

二、保洁

1.您对小区保洁工作是否满意？

☐非常满意　☐比较满意　☐不满意　☐非常不满意

理由：________________________________

2.您对保洁人员服务态度是否满意？

☐非常满意　☐比较满意　☐不满意　☐非常不满意

理由：________________________________

3.本物业公司对有关保洁工作的投诉处理是否及时？

☐非常及时　☐比较及时　☐不及时　☐非常不及时

理由：________________________________

三、房屋质量维修工作

1.本物业公司对业主报修房屋质量问题的处理是否及时？

☐非常及时　☐比较及时　☐不及时　☐非常不及时

理由：________________________________

2.本物业公司对业主报修房屋质量问题的处理过程是否令您满意？

□非常满意　　□比较满意　　□不满意　　□非常不满意

理由：____

3.本物业公司对业主报修房屋质量问题的处理结果是否令您满意？

□非常满意　　□比较满意　　□不满意　　□非常不满意

理由：____

4.您对本物业公司处理报修问题的工作人员服务态度是否满意？

□非常满意　　□比较满意　　□不满意　　□非常不满意

理由：____

四、公共设施维护

1.本物业公司对小区内绿地的养护工作是否令您满意？

□非常满意　　□比较满意　　□不满意　　□非常不满意

理由：____

2.本物业公司对小区内电梯、消防设备、健身器材、小区大门、单元门、路面、排水设施等公共设施的维护工作是否令您满意？

□非常满意　　□比较满意　　□不满意　　□非常不满意

理由：____

五、小区管理

1.本物业公司对小区内机动车管理是否令您满意？

□非常满意　　□比较满意　　□不满意　　□非常不满意

理由：____

2.本物业公司对小区内自行车管理是否令您满意？

□非常满意　　□比较满意　　□不满意　　□非常不满意

理由：____

3.本物业公司对业主告知工作的处理是否及时？

□非常及时　　□比较及时　　□不及时　　□非常不及时

理由：____

六、您对目前物业工作有何其他方面的建议和意见？

____

××物业公司

××××年××月××日

4.撰写调查报告

每次调查结束后，物业服务企业都应对所有调查问卷进行统计分析，将业主（用户）在问卷中提到的各项意见和建议明确列出，及撰写相关报告，并在下阶段工作中予以改进。物业服务企业切忌只调查不行动，这样会使业主（用户）认为这个调查不过是物业服务企业的官样文章，而不是真正关心业主（用户）的需求，从而对物业服务企业失去信任。

第二节　二次装修管理

物业装修管理的目的在于规范业主、物业使用人的装饰、装修行为，协助政府行政主管部门对装饰、装修过程中的违规行为进行处理、纠正，从而确保物业的正常运行，以及维护全体业主的合法权益。

一、装修管理流程

为使业主和装修工作人员对装修的工作程序有一个完整的了解，让装修管理工作能顺利、有序地开展，物业服务企业有必要把这项工作的各个步骤理清，并制定一个合适的流程，如图2-7所示。

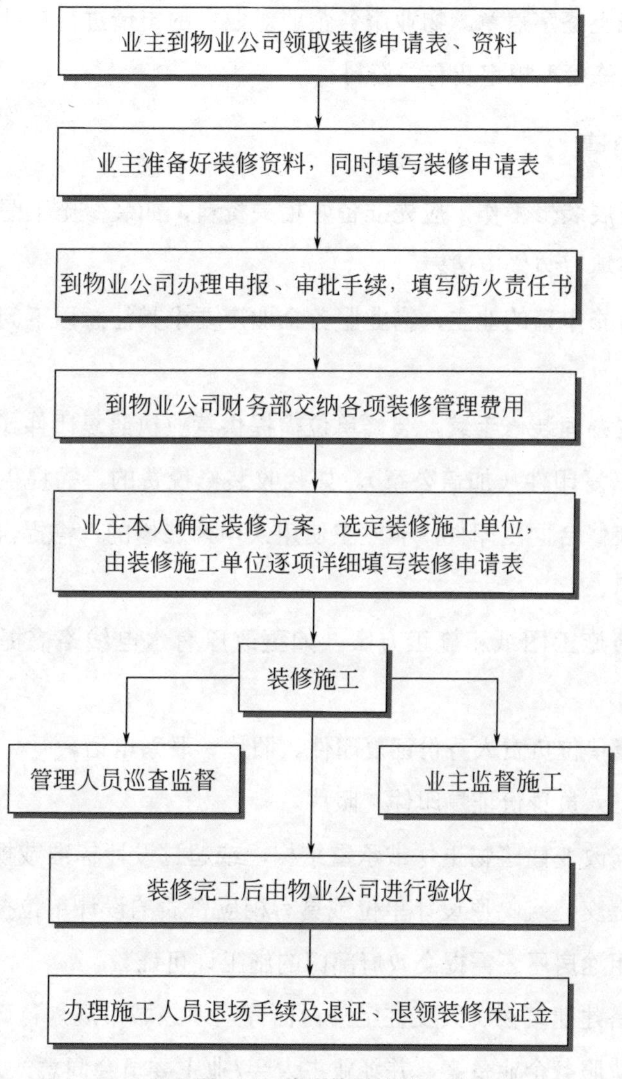

图2-7 装修管理流程

二、装修申请与审批

业主凡欲进行室内装修改造的，应准备好相关资料，并及时向物业服务企业提出申请，填写装修申请表，报物业服务企业审批。业主及施工单位应在装修申请表上签字盖章。物业服务企业对业主的申请进行审批，并发放物业辖区房屋装修管理规定及有关资料。

1.装修申请

业主要开展装修工作，应先准备好相关资料，如装修施工图纸和施工方案等，并完整填写装修申请表。

对提出装修申请的业主，物业服务企业应要求其注意以下问题并提供相关资料：

（1）业主办理装修手续，装修单位需提供营业执照复印件（加盖公章）、承建资格证书复印件（加盖公章）。如代收装修税费的，需提供业主与装修单位签订的装修合同复印件。非业主使用人申请装修的，需提供业主同意装修的书面证明。

（2）装修施工图纸和施工方案（如更改原有水电线路需提供水电线路图）。

（3）装修单位负责人身份证复印件、照片、联系电话。

（4）施工人员身份证复印件、照片。

（5）如需改变建筑物主体或承重结构，或超过设计标准或规范增加楼面面积的，需提交建筑物原设计单位或具有相应资质的设计单位提出的设计方案。非住宅用途房屋还需提交政府部门的施工许可证。

（6）如搭建建筑物、改变住宅外力面等，须经城市规划行政主管部门批准后，报物业服务企业备案，并经业主大会/业主委员会同意，方可施工。

（7）只做铺地板、墙壁表面粉刷、贴墙纸等简单装修，装修户可不提供装修单位承建资格证书及施工图纸。

2.装修审批

物业服务企业收到业主的装修申请后，应在一周内予以答复。对不符合规范或资料不全的，业主按要求进行修改后，重新提交审批。

三、施工时间的管理

业主装修施工不得打扰左邻右舍，不得影响其他单位或个人的工作和休息，因此，物业服务企业应加强装修时间的管理。

一般允许的施工时间为早上8:00以后，晚上6:00以前。

1.要控制噪声施工的时间

噪声施工的内容包括砸墙、钻孔、墙面楼板开槽、钻切锤打金属、电锯改料等。对住宅房屋来说，噪声施工要避开人们的休息时间。

2.对电梯使用时间做出限制

高层建筑内业主或使用人的室内装修，必须允许其使用电梯运送施工人员、装修材料和垃圾。但为了不影响其他人的使用，应规定使用电梯的时间。

通常要求运送施工人员、装修材料和垃圾要避开电梯使用的高峰时间，这个高峰时间因大楼的用途和对象不同而不同。如果白天电梯使用非常繁忙，可安排在夜间运送装修材料和垃圾。

3.采取措施有效防止干扰

装修期间，会对左右隔壁、上下楼层住户的工作和休息产生影响。如果物业服务企业不采取有效措施，肯定会招致装修单元相邻住户的投诉和不满。为避免室内装修对邻居的打扰，应采取以下管理方法：

（1）装修前发通知给同一楼层及上下楼层住户，让他们有思想准备和采取一些预防措施，并取得他们的谅解。

（2）在装修户提交装修申请时，提醒装修户聘请信誉好、实力强、人员精的装修公司，并尽量缩短工期。

（3）对装修户和装修公司进行必要的培训，向其说明装修程序和有关管理规定，以免他们的装修工程影响他人的工作或休息。

（4）将“装修注意事项”贴在装修单元的大门上，提醒装修人员文明施工。

（5）对住宅楼，严禁在夜晚、周末等时间装修；对商业大厦，白天上班时间只允许一些不产生噪声及油漆味的装修，将发出较大噪声的工序安排在非办公时间进行，并严禁装修时开启空调。

（6）施工人员必须办理施工证或出入证方可进场施工，施工人员不得从事与施工无关的各种活动。

（7）加强对装修单元的监管，及时听取邻居意见，对违规施工人员视其情节轻重分别给予口头或书面警告、停止装修、暂扣装修工具、责令赔偿损失等处罚。

案例赏析

业主装修致他人投诉

【案例背景】

业主刘某投诉：隔壁房间装修施工，一天到晚不停地打墙、锯木，噪声很大，请物业公司尽快处理。物业公司赶快派人去查看，发现刘某反映的情况属实，于是提醒装修施工单位注意文明施工，不要影响他人生活。

次日，刘某又打电话说情况并没有好转，严重影响了他们的正常生活与休息。如果再这样下去，他们将拒交以后的物业管理费，并向有关行政主管部门投诉。物业公司答复，已经告知装修单位了，但他们要赶工，没办法。刘某听后很生气，业主装修影响他人，物业公司就不能有效协调或制止吗?

【案例分析】

业主装修影响他人，物业公司理应想方设法予以协调或制止，这是物业公司的权利，也是应尽的责任和义务。

业主既然把装修管理的权利赋予了物业公司，物业公司就应该去行使这项权利，履行这项义务。否则，就算违反合同，业主也就可以据此投诉物业公司，严重时，还可以通过业主委员会将该物业公司解聘。

四、装修现场的巡查

装修现场，要求装修户将“用户室内装修批准书”和“用户室内装修注意事项”张贴于门上，以便于物业管理人员检核和提醒装修人员安全施工；同时，物业管理人员应按规定对装修现场进行巡查，在进入现场前要仔细查看图纸及审批文件，做到心中有数。巡查的重点内容如图2-8所示。

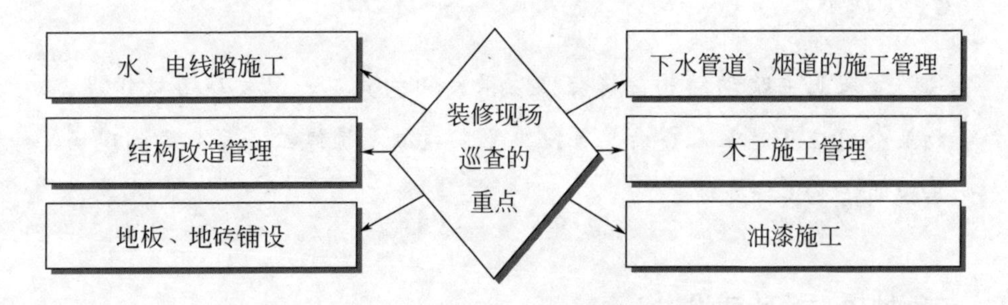

图2-8　装修现场巡查的重点

1. 水、电线路施工

水、电线路的施工是业主装修工程的正式开始，同时也是物业服务企业装修巡检工作的重点。绝大多数业主为了居住美观，都将冷热水管暗埋在墙壁和地板之下，外表虽好看了，但隐患增大了。

（1）强电线路的改动。

强电线路的改动，要注意电线的质量和型号，对有大功率电器的线路一定要有相匹配的电线。线路改动时最好走垂直路线，接头和转弯的地方要设置接线盒，以便将来检修。房顶的混凝土层较薄，切槽深度不得超过1.5厘米。所有线路暗埋必须穿管（PVC管），穿线管内不准有接头。

（2）弱电线路的改动。

一定要提醒业主和装修施工队伍，弱电线路的改动只有专业人士才能完成。小区的可视对讲、安全防范系统必须经过物业服务企业指定的专业人员才能移动，而且是收费服务。私自移位造成单元系统损失的，要照价赔偿。

2. 结构改造管理

小区的房屋户型，是经过专业的设计师精心设计的，业主在购买房产时已经认可该户型。因此，一般没有必要进行改建，而且也不允许改建，任何改建都将会影响到整栋楼的安全。

小提示

如果业主改动结构，将会产生很大的响声。一旦发现可疑情况，物业公司应及时派人查看，可以先要求施工人员停工，等业主到现场后说明情况再行处理。

3. 地板、地砖铺设

业主在铺设房间的地板时，物业服务企业要对其提出如下建议：

（1）干铺，不能铺设太厚的混凝土层，以防楼板荷重太大。

（2）不能大面积地灌水泡地板，因为，除了卫生间，其他房间都没有设置防水层，不能让楼下“下雨”。

（3）卫生间的地板一定要做好坡度，坡度可以相对大一些，以利于及时排水。

（4）地漏一定要用防臭的，地漏、阴阳角、管道等地方要多做一次防水，马桶安装不能用水泥，要用硅胶。

4. 下水管道、烟道的施工管理

对于厨房和卫生间的下水管道施工，物业服务企业要提出如下建议：

（1）最好用塑料扣板封闭，不主张用水泥板、瓷片，否则将来维修时会增加难度和恢复成本，尤其是底层业主更应该注意。

（2）厨房的烟道开口位置是根据国家规范设计的，不能做任何改动，否则极易产生串烟现象。如果业主执意要改，应该明确物业服务企业不会再接受他的报修。如果业主已经改动，当发生串烟时，可以建议其安装止逆阀。

（3）厨房的燃气管道不能改动，否则燃气公司不给通气，同时这也会增加安全隐患。连接软管的长度不得超过2.5米，连接软管不得封闭在墙内，否则发生泄漏，后果将十分严重。

5. 木工施工管理

相对来讲，对业主木工施工的管理比较轻松，只需要查看业主的装修进度，注意施工人员用电安全、消防安全、在公共区域施工、环境卫生保持等方面的问题即可。

> **小提示**
>
> 需要提醒业主，在吊顶和家具内安装的电线一定要穿线管，以减少火灾隐患，同时应尽量少安装大功率的照明设备。

6. 油漆施工

业主的墙壁和家具油漆施工，也是相对比较轻松的管理环节。需要提醒施工人员，注意环境卫生，不能影响到相邻业主的正常生活，施工时一定要关闭进户门。还要提醒业主在恶劣天气要及时关闭门窗，以免损坏已经完成的装修工程。

经验之谈

巡查次数随装修进度而改变

在业主材料进场和水、电线路改造阶段，每天要最少巡查一次，对有违规意图的业主，一天要巡检两次；对后面的木工和墙壁施工，一般一天或两天一次巡检就可以了。

五、装修验收

装修工程完工后，业主应书面通知物业服务企业验收。物业服务企业的客服中心应派人检查装修工程是否符合装修方案的要求，施工中有没有违反装修守则，费用是否交足等。如无问题，即验收通过，并退还装修保证金。

1.装修验收的分类

装修验收可分为图2-9所示的类别。

类别一	初验：当装修户所有装修工程施工完毕后，即可申请初验
类别二	正式验收：初验时提出的问题得到整改后，业主提前一周通知物业客服中心，客服中心在接到通知的第二周内安排正式验收
类别三	特殊情况：若装修量小、项目简单，并且不涉及改造的，物业服务企业可将初验和正式验收一次进行

图2-9　装修验收的分类

2.装修验收的要求

（1）对业主在装修时有违章行为，且没得到整改的，不能进行验收。

（2）初验中存在的问题必须得到彻底的整改，如在正式验收中发现仍不合格的，将不予验收并处以相应的处罚。

（3）业主和装修单位申请正式验收后，物业服务企业应收回装修出入证并存档；对遗失证件的，则扣除押金。

3.正式验收

正式验收时，由工程部组织相关人员参加，针对初验中提出的问题进行逐项查验。

对初验合格后，又增加装修项目的，无违章装修时，则需补办申请；有违章装修的，应按管理规定中的装修违章处理条款执行，并立即停止对该装修户的验收，直至整改完毕后再进行正式验收。

六、装修违规的处理

虽然物业管理人员掌握了业主装修的流程，加强了日常装修巡检，但仍然难以避免违规装修的出现；同时，还有些业主为了自己的需求，明知装修违规却一意孤行。这就需要物业管理人员努力沟通，尽量减少重大违规装修的出现。

1.结构改动

结构改动是最严重的违规装修，主要表现如图2-10所示。

物业服务企业应该坚决制止这一类违规装修，必要时可以采取一些非常手段，同时上报相关管理部门共同处理。

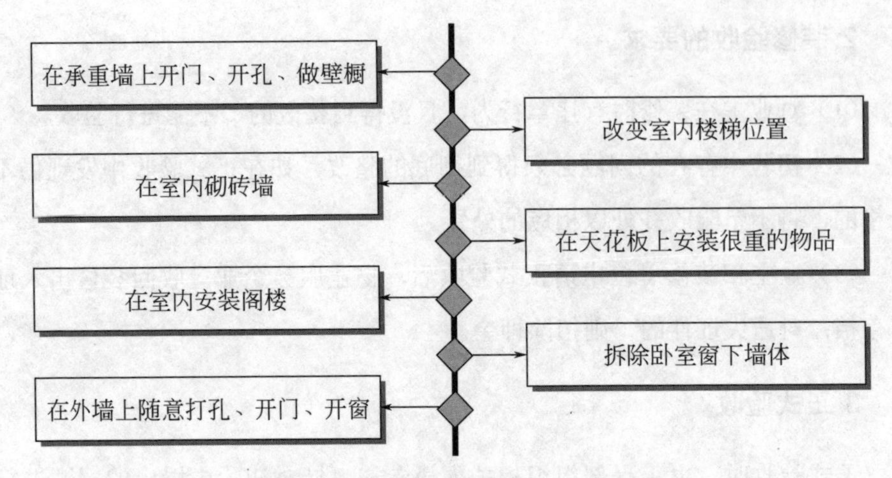

图2-10 结构改动的违规装修表现

案例赏析

业主提出更改房屋大梁

【案例背景】

某小区有一位业主在装修时，向管理处多次提出要更改顶层复式房屋的一根大梁，他认为按常规该梁应该为正梁，但却整成了反梁，既占用室内空间又影响美观。并声称自己的父亲是一位高级建筑师，已经计算出了有关参数，设计出了改造图纸。

对业主的这一要求，管理处根据“装修管理规定”耐心地进行解释，说明不能更改的原因。然而，这位业主就是听不进去，态度还十分强硬。三番五次找管理处都没有得到应允，他干脆放了狠话：“不管你们同意不同意，我都要改！”为了避免事情变得更糟，于是管理处的工作人员坐在一起商讨对策，并把商讨出的办法及时报告物业公司和开发商的责任人。然后约见这位业主，建议他写出书面申请，报原设计单位审批。这位业主觉得管理处的建议合情合理，于是欣然同意。后来他咨询了设计单位，得知改梁既要一笔不小的变更设计费，又要等较长的时间才能确定。经过比较，这位业主最终取消了改梁的想法。

【案例分析】

物业服务人员在物业服务与管理中，当遇到违章行为时，必须予以制止或纠正，但未必非要板起面孔坚持说“不”。有时候不妨采取迂回战术，为业主指出一条正确的道路，让他们自己去试一试。如果业主觉得可以，那就通过合法途径办理，这样矛盾就不会再集中在管理处；当业主撞了南墙，自然就会回心转意。最后，有序管理的目的就达到了。

2. 改变房屋用途

这一类违规装修的主要表现，如图2-11所示。

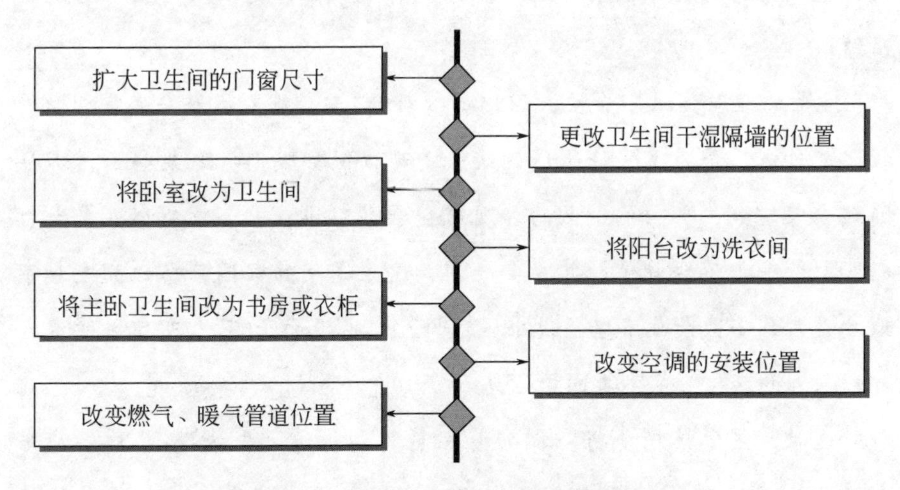

图2-11 改变房屋用途的违规装修表现

针对这类违规装修，物业服务企业应尽量阻止。物业服务人员要告知业主这样改动应该承担的责任，以及对其以后的生活带来的麻烦等。并将改动情况详细记录在档案中，让业主签字认可。

案例赏析

业主乱装空调如何处理

【案例背景】

一天中午，护卫班班长跑到管理处办公室，告诉主管：G栋1801的业主不想按指定位置安装空调，要将北侧空调孔打在窗户上方。主管安排护卫班班长马上返回，先让空调公司的工作人员停止打孔。

主管随后赶到，一进门还没开腔，业主就开始不停地说着自己的理由。他认为物业公司规定的位置不好，强烈要求将空调孔打在窗户上方，并且明确表示："我今天就要在这里打孔，看你们会把我怎么样？"此时，空调公司的员工也不停地在一旁说着风凉话，更助长了业主的不满情绪。

主管心里虽然很不愉快，但仍耐心解释："在指定位置安装空调、管线不能外露，是为了保证小区的统一美观，假如我们也像某些小区那样随地安装空调，那咱们小区的外观就会杂乱不堪，整个物业形象会大打折扣，物业也不会升值，甚至会贬值，这里是您的家园，您的朋友和亲戚要是看到小区杂乱不堪，说小区不好，您也没面子啊。"听完主管这番入情入理的话，业主不再固执己见。

这时，主管悄悄地将空调安装人员叫到一边，告诫说："你们应当知道××物业的管理规定，假如执意违规行事，就要承担相应的法律责任。"这么一说，空调安装人员马上声明要按照物业公司的规定打孔，并表示一定配合物业公司说服业主。最后，业主同意在规定位置安装空调。

【案例分析】

乱装空调的情况在许多物业小区屡见不鲜，解决此类问题需要物业公司耐心细致的解释。物业管理单位在做好具体管理服务工作的同时，还应加强对物业管理服务相关法律法规和具体案例的宣传，以提高业主的法律意识，减少争议处理的成本和损失。

3.线路改动以及房屋外观改变

这一类违规装修的主要表现，如图2-12所示。

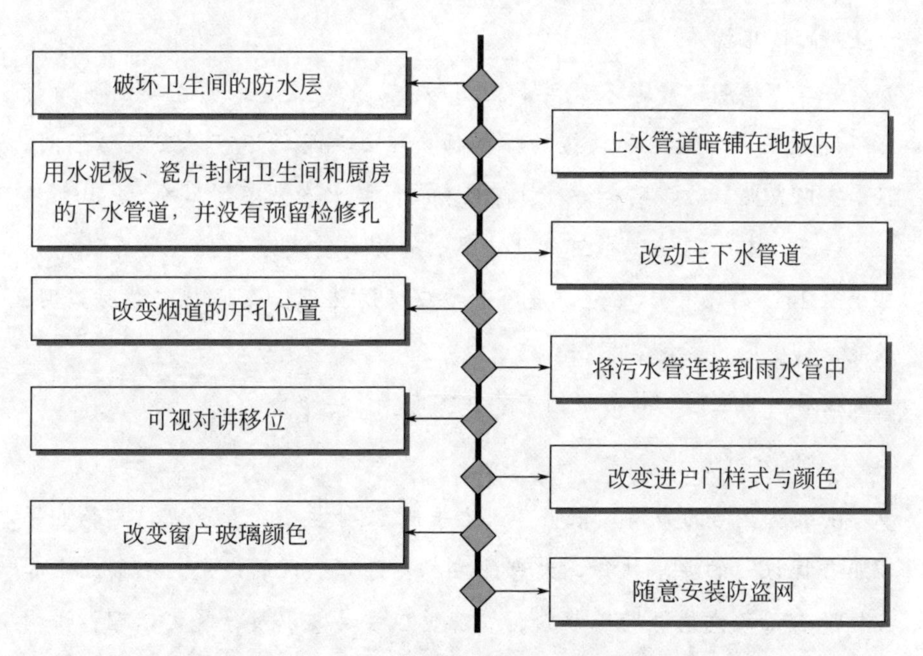

图2-12 线路改动以及房屋外观改变的违规装修表现

同样，物业服务企业也应尽量阻止此类违规装修。要告知业主，这样的改动应该承担相应的责任，同时地产公司的保修也将取消。还应将改动情况详细记录在档案中，并让业主签字认可。

案例赏析

业主违规安装防盗网

【案例背景】

某小区一业主正在装修新房，其他部位装修后，他提出要安装防盗网，包括阳台部分。物业管理员接到通知后立刻到达现场，向业主说明小区不许安装防盗网。但业主态度非常强硬，质问管理员为什么不能安装阳台防盗网，假如失盗怎么办？管理员从三方面向业主作了解释：

第一，安装防盗网，给人的感觉就像在笼子里生活一样，既不美观又让人心情压抑。

第二，按照《中华人民共和国消防法》的规定，人员密集场所的门窗不得设置影响逃生和救援的障碍物，即公共场所不可以安装防盗网。假如室内失火，防盗网会给人员疏散和消防救火带来不利影响。

第三，本小区是一个智能化小区，每家每户都有智能安防系统，并且小区24小时不中断巡逻，没有必要安装防盗网。如真想安装防盗网，只能根据小区的规定安装在室内。

最后，业主同意将防盗网安装在室内。

【案例分析】

安装防盗网的事情应根据“业主手册”“业主公约”和“前期物业管理服务协议”的要求执行，大部业主都会遵守小区的规定。假如业主非要按照自己的意愿做特殊装修，管理员应该动之以情，晓之以理，讲明利害关系，并给业主提出合理的建议。

4. 破坏环境卫生

这一类违规装修的主要表现，如图2-13所示。

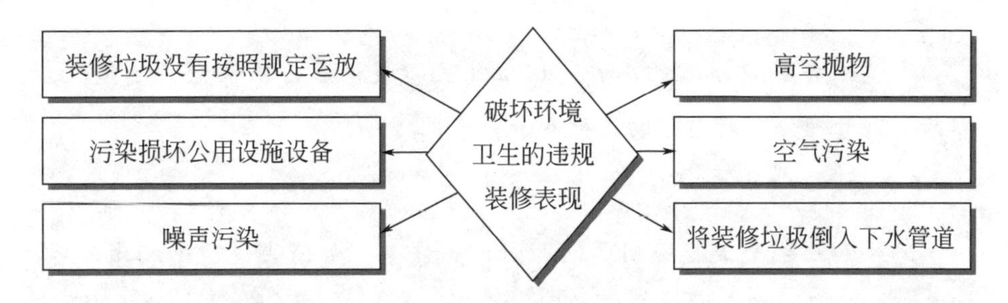

图2-13 破坏环境卫生的违规装修表现

这一类违规一般是由施工人员造成的，这就需要安全部和保洁部密切配合，发现一起，严肃处理一起，必要时可以要求相关人员离开小区，但一定要及时联系施工负责人和业主，向其讲明原因，以避免不必要的误会。

案例赏析

业主装修家具堵占楼道

【案例背景】

一天，管理处接到投诉：某位业主二次装修地板，将家具堆放在楼道和电梯间，妨碍了通行。管理处立即派人上楼查看，情况属实。经过了解，该业主在办理装修手续时，就无视装修管理规定，拒交装修保证金，对有关规定吹毛求疵，与管理处的工作人员闹得不可开交。怎样去说服这样一个难缠的人呢？管理处几经协商，确定了解决方案，针对该业主的心理状态和实际情况，采取因势利导的策略；另外再安排几个人一起上楼做工作，以形成一定的声势。

管理处人员首先称赞该业主平时对物业管理工作的支持；然后再介绍装修的管理规定，讲明堵塞通道可能带来的可怕后果；接着对其二次装修放置家具的难处表示理解，并提供了集中一室、分室进行装修和管理处代找暂存位置、一并装修两种方案，供其选择；最后限定整改的期限，表明如果其继续我行我素，则按“业主公约”予以处罚。

通过一番苦口婆心的工作，这位业主心悦诚服，很快进行了整改，事后又到管理处，对自己的言行表示歉意。

【案例分析】

怎样和业主交流是一门学问。同样一件事，如何去说？先说什么后说什么？效果通常会有很大的差异。所以，作为每天都要同形形色色的业主打交道的物业管理人员，应当认真地学习和研究语言艺术和表达技巧。

在本案例中，管理处工作人员首先利用集体的智慧，群策群力，制定了切实可行的处理办法；在处理时，工作人员不仅指出业主的错误所在，而且告知其怎样做才符合规定，这让业主觉得你不是只考虑自己的工作，同时也在设身处地为业主着想，这样，事情处理起来就容易多了。

第三节　费用收取管理

物业服务收费，是指物业服务企业按照物业服务合同的约定，对房屋及配套的设施设备和相关场地进行维修、养护、管理，对相关区域内的环境卫生和秩序进行维护，向业主（用户）所收取的费用。物业服务企业应当按照政府价格主管部门的规定实行明码标价，在物业管理区域内的显著位置，将服务内容、服务标准以及收费项目、收费标准等有关情况进行公示。

一、物业收费的原则

物业服务企业为业主（用户）提供的服务项目不同，其收费标准也有所不同。有些服务项目，其收费标准由物业服务企业与业主（用户）面议洽谈而定；有些服务项目，其收费标准要按政府有关部门的规定执行。因此，在收取物业服务费时也要遵循一定的原则，具体如图2-14所示。

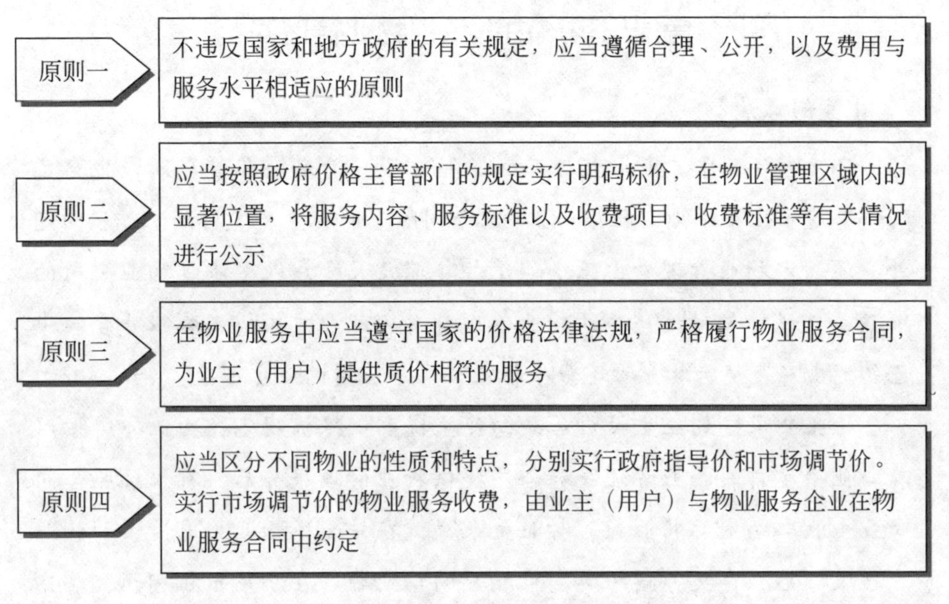

图2-14 物业收费的原则

二、物业费用的追讨

当上月费用被拖欠时，物业服务企业应在第二个月向业主（用户）发出催款通知单，此单上应包括上月费用连同滞纳金以及本月费用。并经常以电话催款，在通话中要注意文明礼貌。

如果第二个月费用仍被拖欠，物业服务企业将在第三个月第二次发出催款通知单，即要求业主（用户）将此前两个月的费用、滞纳金和当月费用一并交纳，并限期三天内交清；三天后未交清的，物业服务企业将根据管理公约停止对其服务（停止水电供应等）。如果业主（用户）经收费员上门催款仍然拒付，物业服务企业可根据相应的管理制度以及法律程序处理。物业服务企业可将这些条款写进管理公约，并依照法律程序执行。

案例赏析

房屋出租该由谁承担物业管理费

【案例背景】

20××年8月，某业主与王小姐签订了一份房屋租赁合同，把自己的一套房子出租给她，租期为2年。合同除了对租金及支付期限作了约定外，还约定物业管理费由王小姐承担。前几天，该业主收到物业公司的催款函，说已欠付近一年的物业管理费。为此业主投诉，称租赁合同中已约定由房客交付物业管理费，物业公司不应再向业主催款。

物业公司接到业主投诉后，向业主说明：根据规定，物业公司按照其与业主签订的物业管理服务合同提供物业管理服务后，有权按照合同向业主收取约定的物业费。对业主来说，在接受了物业公司提供的物业管理服务后，有义务按约定支付相应的物业费。在房屋出租期间，房东应将出租情况及时书面告知物业公司，物业公司可根据房东和房客对物业费交付的具体约定向有关义务人收取物业费。也就是说，若租赁合同约定由房客支付物业费，物业公司可直接向房客收取，但业主要承担连带责任；若租赁合同对物业费由谁支付没有约定或者约定由房东承担的，那么物业公司应直接向房东收取。同时，还应提醒业主，在房屋对外租赁时，应到物业管理处履行必要的手续，以便物业公司掌握物业的租赁情况，配合业主做好租赁管理工作，这样就可避免此类问题的出现。

业主觉得物业公司说得在理，于是将一年的物业管理费付清，同时向王小姐进行追偿。

【案例分析】

在遇到这一类问题时，物业管理人员首先要熟悉相关的法律法规，用法律法规来说话。另外，为避免此类问题的出现，物业公司应该把工作做得更加细致，也就是说，对辖区范围内的租赁情况应该登记，做到了然于胸。

三、物业收费的公示

物业管理费的收取事关所有业主（用户）的切身利益，因此，物业服务企业必须根据国家规定将各种收费标准及时公布出来，以便业主（用户）了解自己都交了哪些费用，让业主（用户）充分享受到对物业服务的知情权和控制权。

1.物业收费公示的内容

按照相关规定，物业公司应将服务内容、服务标准、收费标准、收费依据、岗位设置、报修电话等信息，在住宅小区的醒目位置进行公示，主动接受业主（用户）及相关部门的监督。

如果业主（用户）发现小区物业企业未进行公示，可向区行政主管部门投诉。

2.物业收费公示的方式

物业服务收费实行明码标价制度，物业服务企业应当在物业管理区域内的显著位置，将物业服务企业名称、收费对象、服务内容和标准、计费方式、计费起始时间、收费项目和标准、价格管理形式、收费依据、价格举报电话等有关情况进行长期公示，以接受业主（用户）、物业使用人和价格主管部门的监督。

3.物业收费公示的时间

物业服务企业应当在物业管理区域内的醒目位置公布管理区域上一年度

相关物业经费的收取、使用等情况，以接受业主（用户）的监督。公示时间不得少于10天，并将公示材料送至业主委员会（未成立业主委员会的送社区居委会）。

4.物业收费标准公示

物业收费标准会随着物价等因素的影响而发生改变，物业服务企业要及时将变动的物业收费标准公布出来，避免在业主（用户）毫不知情的情况下收费。

5.物业收支情况公示

物业服务企业应将物业管理费的收取及支出情况公布出来，以方便业主（用户）及时了解。一般来说，收支情况每个季度公布一次。

案例赏析

物业管理财务费是否要保密

【案例背景】

张老先生在某高层住宅买了一套房屋，花去半生积蓄。谁知入住后，张老先生发现买房费用只是一个开始，还要交维修基金、管理费、装修保证金等。这些都交齐后，本以为可以安心居住了，谁知物业公司又发通知收这个费、那个费。张老先生非常疑惑，到管理公司去询问费用的去向，并要求管理公司提供财务支出账目。物业公司财务人员回答："财务支出是商业秘密，只可以向业主委员会公开，不是每位业主都可以了解的。"张老先生非常气愤，先是向管理公司投诉该财务人员，又到政府主管部门投诉管理公司乱收费，还发动邻居拒交管理费。

政府主管部门、业主委员会在接到投诉后，先后对物业公司进行审查。经核实，该物业公司并未乱收费，但要求管理公司尽快向业主交代明白费用的收取情况。

物业公司重新修订了财务公开制度，每季度一次，向全体业主公布费用开支情况。

同时，物业公司对处理此事的财务人员进行教育，要求其耐心对待业主询问。物业公司主管还登门向张老先生道歉，告知公司的财务制度已修订，并提醒张老先生注意每次的财务公告。

【案例分析】

物业公司是全体业主的“管家”，一切工作都应在业主的监督下，特别是物业管理费的收取与支出，应定期张榜公布，以便让业主明白物业管理费的来龙去脉。业主虽然有财务监督权，但行使此项权利的方式并不是私人查账。

物业公司应该明白，业主作为费用的支付人，有权了解自己所交费用的去向。因此，物业公司应实行财务公开制度，定期公布财务报表。在此案例中，物业公司应向张老先生说明财务报表的公布时间，请张老先生留意。如果张老先生执意要查账，财务人员可让张老先生提请业主委员会委托专业的审计事务所审查。

四、物业收费难的应对措施

物业服务企业在物业费收取过程中，经常遇到收费难的问题，由此产生的纠纷和矛盾也非常多。物业服务企业应采取适当措施应对物业收费难的问题。

1.弄清业主（用户）拖欠的原因

几乎所有的业主（用户）在不及时缴纳物业管理相关费用时，都会找出各种各样的理由和借口。

比如，对物业管理中的保安服务不满意，对物业服务企业的工作人员服务态度不满意，对保洁服务不到位有意见，公共设备、设施权属问题不明，家中东西被盗等。

物业服务企业应对业主（用户）所提出的各种理由进行判断，分析其拖欠的真实原因和意图。一般来说，有表2-1所示的两种原因。

表2-1 拖欠费用的原因

序号	拖欠原因	具体说明
1	善意拖欠	其中有一些确属物业服务企业方面的原因造成的拖欠，称之为“善意拖欠”。对于善意拖欠，可通过双方及时沟通、协调，达成一致的解决办法，意在及时收回欠款的同时维护与业主（用户）的良好关系
2	恶意拖欠	如果对物业服务企业某方面工作不满意，从而拒交所有的费用，包括水、电、气等费用，就会造成物业服务企业不但未能收到物业管理费，还要垫付业主（用户）应承担的水、电、公摊费，这种则属“恶意拖欠”

小提示

对于恶意拖欠，物业服务企业必须给予高度重视，并采取强有力的追讨措施，同时要加强对应收账款（费用）收回情况的监督。

2.密切关注应收账款（费用）的回收情况

一般来讲，拖欠的时间越长，催收的难度越大，款项收回的可能性就越小。为此，物业服务企业应密切关注应收账款（费用）的回收情况，以免影响其他业主（用户）交纳相关费用的积极性和广大业主（用户）的合法权益。

（1）对已掌握的客户信息进行分析处理，对已形成欠款的业主（用户）

进行分类，并对重要客户进行重点关注。按照业主（用户）性质，可分为政府机构、大型企业、普通企业、个人客户等；按建立业务关系的时间，可分为老业主（用户）、新业主（用户）；按欠款金额大小，可分为重要业主（用户）、一般业主（用户）和零星业主（用户）。

（2）编制应收账款（费用）账龄分析表。利用应收账款账龄分析表可以了解物业服务企业有多少欠款尚在信用期内，这些款项虽然未超出信用期，但也不能放松管理与监督，要预防新的逾期账款（费用）发生。另外，还可以了解有多少欠款会因拖欠时间太久而成为坏账，这些信息和分析数据都是物业服务企业确定收账政策和收账方式的重要依据。

小提示

物业服务企业应将业主（用户）信用期定为一个月或半年等。但有的业主（用户）采取年中或年末一次交款，虽然拖欠了几个月，只要在年内结清，都应视为正常。

3.选择恰当的收费策略

对不同拖欠时间、不同信用品质的客户欠款，物业服务企业应采取不同的催款方法和策略，这样往往会收到事半功倍的效果。

（1）催款方式。

催款的方式一般是循序渐进的，即信函、电话联系、上门面谈、协商或者仲裁、诉诸法律，具体如图2-15所示。

（2）防止超过诉讼时效。

物业服务企业在应收账款（费用）的催收过程中，一定要防止超过诉讼时效，要有意识地不造成诉讼时效中断，保全公司的收入。工作人员在催收欠款时，要争取搜集到欠款的证据，依法使诉讼期间延后。

方式一　对过期较短的客户，不要过多地打扰，以免引起客户的反感；对过期稍长的客户，可以婉转地电话催款

方式二　对过期较长的客户，可以连续发送催款单、电话催款或者上门催款

方式三　对过期很长的客户除了不断发送催款单、电话催款或者上门催款外，必要时提请有关部门仲裁或提起诉讼

图2-15　催款方式

比如，工作人员亲自上门送催款单，并请债务人（业主）签字；对部分还款的债务人（业主），应请其在发票或者收据上签字；对欠款金额比较大的债务人（业主），可以请求制订还款计划，由双方在还款计划书签字确认。

（3）给予欠费业主（用户）足够的压力。

业主（用户）拖欠时间的长短通常取决于物业服务企业收款人员的态度。往往在拖欠的早期，物业服务企业的收款人员没有对欠费业主（用户）施加足够的收款压力，从而导致了严重拖欠。为了有效地对欠费业主（用户）施加压力，物业服务企业应注意图2-16所示的三点。

要点一　应保持与欠费业主（用户）的联系和沟通，适时地表达收款的要求

要点二　尽量收集齐全对物业服务企业有力的证据，并让欠费业主（用户）知晓

要点三　谨慎地给欠费业主（用户）施加压力，不让其有继续拖欠的借口和期望

图2-16　对欠费业主（用户）施加压力的注意要点

4. 建立应收账款（费用）坏账制度

无论物业服务企业采取什么样的信用政策，只要存在商业信用行为，坏账损失的发生就不可避免。

既然应收账款（费用）的坏账损失无法避免，企业就应遵循谨慎性原则，对坏账损失的可能性预先进行估计，并建立应收账款（费用）坏账准备制度。物业服务企业应根据客户的财务状况，正确估计应收账款（费用）的坏账风险，选择适当的坏账会计政策。

根据现行会计制度规定，只要应收账款（费用）逾期未收回，且符合坏账损失的确认标准，物业服务企业均可采用备抵法进行坏账损失处理。

经验之谈

应如实反映物业管理费的收入

在实际操作中，大多数物业服务企业对业主（用户）未交的物业管理费这部分逾期收入，在当期并没有进行账面反映，也没有计提坏账损失。这样，一来当期反映的管理费收支结余不真实；二来少数人不交物业管理费，损害的是大多数业主（用户）的利益，很不公平。所以，物业服务企业应如实反映物业管理费的收入，对逾期未交的管理费不仅不应反映收入，符合坏账损失确认标准的，还应在当期计提坏账损失，以真实反映该项目物业管理费的收支结余情况。

5. 做好业主（用户）的沟通工作

业主（用户）欠费，各有原因，物业服务企业应派专人多次走访欠费业主（用户），深入了解情况，有针对性地做好说服沟通工作。对那些不了解情况、不理解收费标准、不明白收费用场、误解物业服务企业的欠费业主（用户），经过解释说服，大多数都能改变态度。

物业服务企业应时刻与业主（用户）保持良好的沟通，了解业主（用户）的需要，及时发现各种潜在的问题，并把它消灭在萌芽状态。热情、周到、真诚是有效开展物业管理各项服务工作的前提条件。

6.借助业主公约和业主委员会的力量

在走访业主的同时，还要借助业主公约和业主委员会的力量。业主公约是由业主共同制定的有关物业共有部分和共同事务管理的协议，对全体业主具有约束力。

按时依约交费是业主公约规定的每个业主的应尽义务。物业服务企业应充分重视业主公约的作用，大力宣传业主公约的内容，积极督促业主履行业主公约，切实发挥业主公约的基础制约作用。

同时，物业服务企业还可以要求业主委员会履行“物业管理条例”，赋予其帮助物业服务企业追讨欠费的义务。

7.完善物业管理服务合同

制定双方权利义务明晰的服务合同，详细明确地约定服务范围、项目、标准与收费方式及违约处罚办法等内容，为后期减少纠纷、解决纠纷打下良好的基础。这也是在许多外在条件不具备的情况下，物业服务企业与业主（用户）在解决相关问题时可以依赖的重要途径。

五、实行在线收费

在移动支付越来越普及的今天，为业主（用户）提供便捷的移动支付渠道，让业主（用户）交费更方便，是物业服务企业最基本的服务。

一般来说，物业费用的在线收取，有表2-2所示的几种方式。

表2-2 物业在线收费方式

序号	缴费方式	具体说明
1	微信公众号	现在不少物业服务企业都开通了服务号交费功能，业主（用户）通过关注物业服务企业微信公众号，绑定业主（用户）身份，即可在线完成相关物业费用的支付

续表

序号	缴费方式		具体说明
2	支付宝生活号		业主（用户）通过关注物业服务企业收费软件的支付宝生活号，绑定业主（用户）身份，即可在线完成相关物业费用的支付
3	扫码支付	物业收费人员扫码	业主（用户）前往物业服务企业管理处交费，打开个人手机微信/支付宝钱包，出示付款码，物业收费人员从物业收费系统中查询业主（用户）的欠费信息，并点击“扫码收款”功能按钮，使用连接到此办公电脑的扫码枪扫描业主（用户）的付款码即可完成收款
		账单二维码	物业服务企业管理处每月向未按时交费的业主（用户）派发交费通知单，通知单上印有可用于交款的二维码，业主（用户）收到通知单后，使用手机扫描二维码即可完成查询与交费。业主（用户）无须安装APP或关注微信公众号，采用微信、支付宝、手机QQ或其他通用扫码工具即可支付
		固定二维码	物业服务企业管理处在社区公共区域的醒目位置，发布固定的物业交费二维码，业主（用户）通过手机扫码即可实现在线交费
4	APP支付	业主（用户）主动扫码	物业收费人员打开本企业的办公APP，查询业主（用户）的欠费账单，并在办公APP中生成一个收款二维码，业主（用户）从个人手机打开微信/支付宝的“扫一扫”功能，扫描收费人员手机上的二维码，即可完成付款
		物业收费人员主动扫码	物业收费人员打开本企业的办公APP，查询业主（用户）的欠费账单，业主（用户）从个人手机打开微信/支付宝的付款码，物业收费人员使用办公APP的“扫一扫”功能扫描业主（用户）的付款码，即可完成付款
5	自助缴费机		如果物业服务企业安装了自助缴费机，业主（用户）可以通过自助缴费机，实时查询和交纳各项费用

第四节　智能服务管理

信息时代的到来，给物业管理行业带来了变革性的影响。近年来，互联网+、社区O2O等新理念不断兴起。在这些新理念的影响下，物业管理行业也要顺应时代的发展，用高科技手段来不断深化现代物业服务理念。

一、打造社区电商

物业服务企业可充分利用社区资源，整合周边商家与业主（用户）资源，发挥最后一公里的距离优势，为业主（用户）提供更加便捷的社区生活。

1.开展社区电商的优势

物业服务企业开展社区电商，有着图2-17所示的优势。

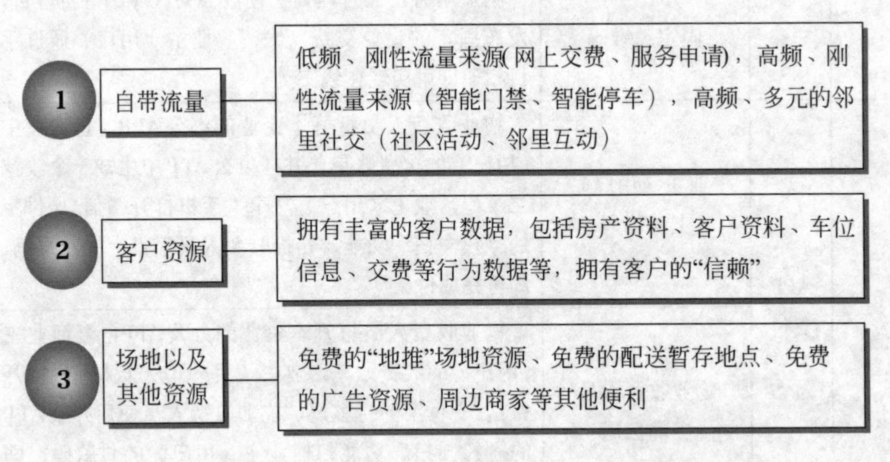

图2-17　物业服务企业开展社区电商的优势

2.开展社区电商的商业价值

物业服务企业开展社区电商的商业价值，如图2-18所示。

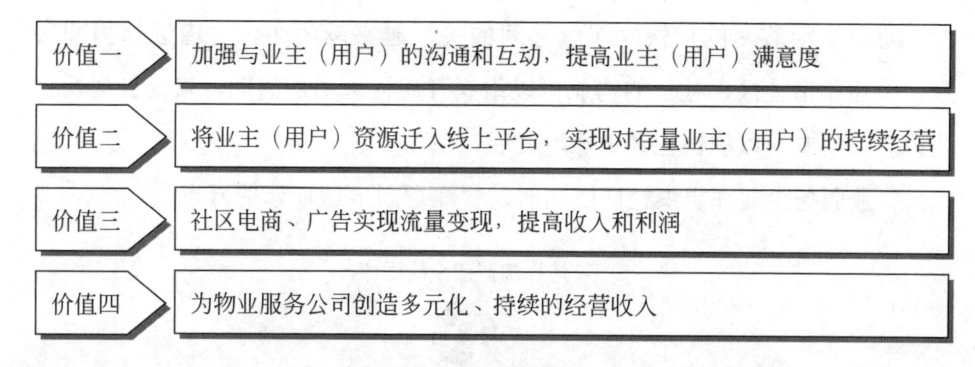

图2-18 物业服务企业开展社区电商的商业价值

智慧化社区电商服务，为周边商家提供线上展示交易平台，并通过平台连接商家、消费者等多个用户，同时结合线上多终端覆盖促使线下社区商超等门店实现转型升级，从而打造社区商业运营新模式。社区商户通过平台拓展业务，利用自身地域优势与主流电商展开差异化竞争，以此打造一个以服务居民为核心的、实现多方互惠共赢的智慧社区管理与服务模式，同时也为业主（用户）提供更加便民化的社区生活，提升业主的生活质量。

二、组织社区团购

社区团购是依托真实社区的一种区域化、小众化、本地化的团购形式。社区商铺通过为周围（社区内）居民提供团购形式的优惠活动，可以促进商铺对核心客户的精准化宣传和消费刺激，实现商铺区域知名度和美誉度的迅速提升，对商铺的营销会产生重大的积极效果。

物业服务企业在小区内和业主（用户）有着天然的近邻性，完全可以把社区团购平台的服务作为小区的物业标配，并由其提供相应的实体办公场所。由于没有租金压力，物业服务企业专职员工完全可以代替小区团长，再加上物业背书，这样，一是能够拉近物业和小区居民的距离，为物业服务管理工作打下感情基础；二是能够提升物业服务品质，为公司的多种经营收入添砖加瓦。

随着生活节奏的加快，邻里之间的关系越来越陌生。为增近邻里间关系，构建和谐社区，社区的物业可以组织开展社区团购活动，来促进居民们认识新的朋友，以加快社区更好地发展。

物业服务企业在组织社区团购时，要注意图2-19所示的五点。

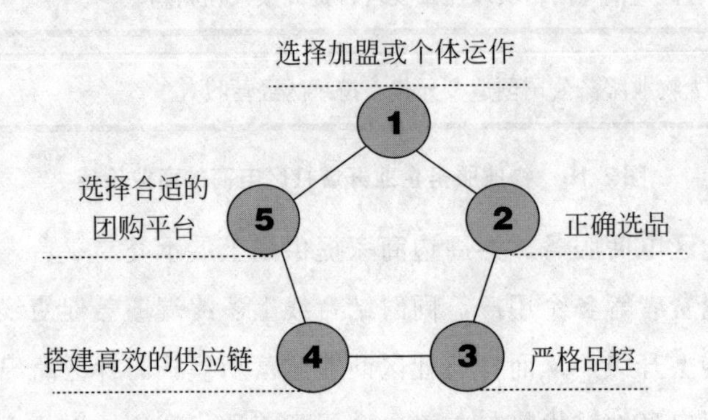

图2-19 物业服务企业组织社区团购的运作要点

1.选择加盟或个体运作

对于没有精力全流程运作生鲜团购的物业服务企业来说，可以选择一个靠谱的生鲜公司加盟。生鲜公司会为合作的物业服务企业制定科学的团购策略，还会提供必要的采购平台、配送物流。

若是由个体来运作小区团购，物业服务企业需要从小区居民的消费习惯入手，以走访、调研的方法，来确定采购品类，使社区团购更加贴近居民的生活。

2.正确选品

水果生鲜、零食日化等日常刚需和高频消费类商品，是社区团购很好的切入点。可以先用这些品类吸引消费者，等平台发展到一定规模后再拓展其他品类，以满足消费者“一站购买”的消费趋势和多样化需求。

可以根据社区居民的画像分析，制定合适的价位，选择高性价比或高品质的商品。

小提示

每个城市、每个社区都有自己的地域、消费特点和人群的消费属性。要根据住户数据和地区文化特色，挑选最符合社区住户消费习惯、消费水平的商品。

3. 严格品控

社区团购面向的是固定的社区用户群，需要靠高复购率，也就是“回头客”，来实现长期盈利。而社区这个场景，消费者都是邻居熟人，有什么事很容易口耳相传，最终传遍整个社区。所以一旦商品质量出了问题，不只是某个单独的消费者，整个社区住户都会对平台失去信任，这样会对平台口碑造成严重的打击，甚至会造成全面崩盘。

正因为如此，社区团购对商品质量的把控至关重要，品控工作是物业服务企业小区团购方案的核心。

4. 搭建高效的供应链

对于物业服务企业来说，中间的供应环节是传统的薄弱环节。在制订小区团购方案时，要着重考虑如何搭建高质、高效的供应网络。对于有渠道直接对接生鲜产地、加工厂商的物业服务企业，特别是小区内业主（用户）有相关资源的，应当充分利用这种“自己人”资源，一步到位建成长期稳定的供应物流通道，以增强社区团购的核心竞争力。

5. 选择合适的团购平台

随着社区团购平台的发展，平台的工作量也会呈现指数性的增长，光靠人力是不可能完全处理的。因此，所有的社区团购平台都需要专业的社区团购系统工具。

比如，小程序平台具有“扫描即用，用完即走”的优势；微信依靠庞大的用户基础，易于传播的特性，是当前社区团购平台搭建系统最主流的选择。

三、搭建微信公众号

一个基于微信的物业管理和社区服务平台，能帮助物业服务企业整合社区资源，营造可持续运营的社区生态体系。从社区居民的角度来说，这可以让业主（用户）随时随地了解物业服务和社区生活资讯。从物业服务企业的角度来说，这可以实现线上线下一体化服务，全面提高服务质量，拓展物业增值服务。

1.物业微信公众号的功能

物业微信公众平台可实现图2-20所示的六大功能。

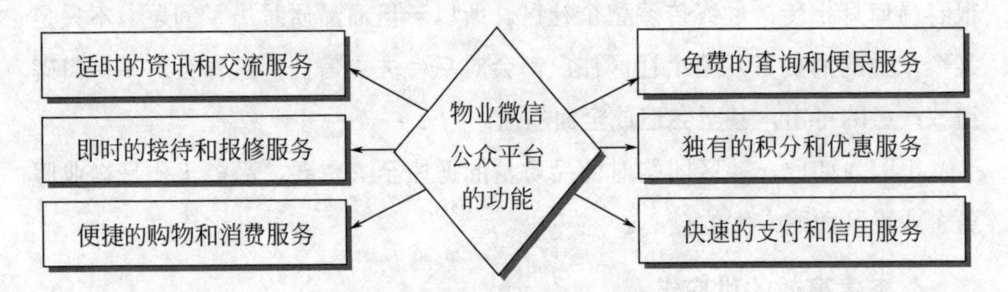

图2-20 物业微信公众平台的功能

（1）适时的资讯和交流服务。

这一服务主要体现在三个方面，如表2-3所示。

表2-3 适时资讯和交流服务的体现

序号	体现	具体说明
1	定时推送各类提醒通知	物业每月定时推送业主（用户）的水电费、燃气费、物业费等明细，方便业主（用户）及时交费；适时推送各类事务性通知，提醒业主（用户）注意小区的各类事项，比如，小区的停水停电公告；定期公布小区的收支情况、物业服务标准和服务执行情况等；定期发起业主（用户）满意度情况的调查
2	及时报道小区事务	物业及时向业主（用户）报道小区的各类好人好事等新闻；及时将小区的服务工作计划、计划完成情况、工作总结情况推送给业主（用户），以加强信息互通

续表

序号	体现	具体说明
3	打造小区业主（用户）交流圈	在物业微信公众平台，物业可以根据业主（用户）的组成情况，构建相应的“圈子”供业主（用户）选择。业主（用户）可根据自己的兴趣爱好，加入适合的圈子，如棋牌圈、车友圈、老乡圈等

（2）即时的接待和报修服务。

物业微信公众平台通过建立“微”客服板块，改变了传统的电话或亲自前往的客服接待和报修模式。业主（用户）有任何问题可以直接在微信上留言，简单的操作即可实现报修或投诉接待，而且物业通过后台操作，可以快速回复和处理业主（用户）的提问。这一做法既解决了上班族因早出晚归无法与物业面对面沟通的麻烦，又实现了接待报修的简洁化。

（3）便捷的购物和消费服务。

微信公众平台可以针对业主（用户）的需求，广泛征集业主（用户）意见。通过与源头商、供应商、生产商的合作，以最低的团购价格或批发价格，打造一条与业主（用户）生活息息相关的生活类商品供应链，并在平台上进行展示，供业主（用户）进行挑选与购买，同时提供在线支付，免费送货上门等服务，为业主（用户）构建生活圈500米内的“微”商城。

比如，团购东北大米、无公害蔬菜、非转基因油等商品，既能保证商品的质量，又能保证价格的实惠。

（4）免费的查询和便民服务。

物业的微信公众平台提供一系列的免费便民服务，可以让业主（用户）通过一个平台便捷地实现多种需求。

比如，业主（用户）可以查询近期的天气趋势、快递的发送情况、车辆的违章信息、水电气和物业费的交纳情况、小区停水停电情况和设施设备的突发情况等。

（5）独有的积分和优惠服务。

物业微信公众平台可以实行会员制和积分制的运行模式，让业主（用户）享受到更多的、真正的实惠。物业可以在平台上发起针对业主（用户）的团购、打折、积分、减免费等一系列优惠活动，鼓励业主（用户）通过平台进行消费。业主（用户）可以通过积分进行返现，也可以通过会员和积分的特权，在达到一定的消费或活动量后减免相应的物业费用，而这一费用实质上是由商家承担的，最终得益的是业主（用户）和物业。

（6）快速的支付和信用服务。

物业微信公众平台具有支付功能，业主（用户）可以通过公众平台查询家庭的水费、电费、燃气费、有线电视费、电话费等费用，并直接进行在线交费。同时，业主（用户）还可以通过支付平台直接交纳物业服务费、公共服务费等。

另外，平台还可以通过与银行等金融单位合作，推出无担保抵押的即时贷款服务，为急需资金的业主（用户）实现短期融资，以解燃眉之急。支付和信用服务可以省去业主（用户）很多时间和资源，并为业主（用户）带来实惠。

下面提供一份××小区物业微信公众号功能方案的范本，仅供参考。

经典范本

某小区物业微信公众号功能方案

1.用户绑定

小区住户在公众号填写姓名、电话、所属楼栋号、楼层、房间号等资料注册绑定，物业管理人员在后台查看用户注册信息并审核。

2.物业费查询

物业管理人员在后台导入小区所有用户的物业费信息（包括停车费、物业费、公摊水费、公摊电费等），业主输入自己的注册姓名或手机号即可查询物业费金额并可在线交纳。

3.报修服务

物业管理人员在后台设置报修种类，如下水道报修、电路报修等；业主在手机端选择报修类型，填写报修内容提交；物业处理后在后台录入处理结果，用户手机微信可收到处理通知。

4.投诉服务

物业管理人员在后台设置投诉问题，如日常保洁、违规停车、装修噪声、公共设施等；业主在手机端选择投诉类型，填写投诉内容提交；物业处理后在后台录入处理结果，用户手机微信可收到处理通知。

5.小区拼车

有车的业主可在公众号发布拼车信息（路线、时间、空余座位数），其他业主可在公众号查看并预约拼车。

6.房屋租赁

业主可在公众号发布房屋租赁信息并留下联系方式，也可在此版块看到所有人发布的租赁信息。

7.家政服务

业主可在公众号发布家政服务信息（可以是招钟点工、护理、保姆等，也可以是为他人提供服务），也可以看到所有业主发布的相关信息。

8.跳蚤市场

业主可将生活中闲置的物品发布在公众号，所有业主都可以看到交易信息并联系卖家实现线下交易，这样可促进小区内居民的和谐关系。

9.小区活动

物业可在公众号发布、组织一些活动，业主可通过微信报名参加，物业后台可统计报名参加人数。

10.通知消息

物业可通过后台，在公众号上向所有业主发送各种通知，例如停水通知、停气通知、停电通知、停车场通知、电梯通知、门禁通知等，业主在手机微信即可查看。

11.处理结果通知

物业收到用户投诉、报修等信息，处理完毕后可在后台录入处理结果，用户手机微信可收到处理信息通知。

2.上线微信公众号的条件

（1）小区要有一定的规模和入住率。建议小区的规模在30万平方米以上，实际入住数在2000户以上，这样开通和运营微信公众号才有足够的粉丝基础。规模较小的老旧小区、新开发入住率不高的项目，可暂缓开通，因为粉丝数量不够，后期运营就会遇到信息量短缺、商业价值不足等问题。

（2）要有专职或兼职的公众号编辑人员。微信公众号的吸引力在于推送内容是否与粉丝相关，同时推送内容还要有可读性、趣味性。这就意味着必须要有人员负责内容编辑，而且该名工作人员不仅要懂物业服务，还要有微信公众号运营所必备的文字编辑能力和内容整合能力。否则，公众号开通后也将因推送内容质量不高而不断失去平台粉丝，这样，平台的粉丝会成为“僵尸粉”，平台的价值和作用也将大打折扣。

（3）要有丰富社区文化氛围的工作部署。上线小区的微信公众号其实是想借助互联网技术来丰富小区的社区文化，既是对社区文化的一个补充，也是促进业主（用户）参与社区文化创建的一个平台。如果物业本身并没有这方面的意识和工作安排，那么即使上线了微信公众号，也会因没有相关内容而失去运营的意义。

3.微信公众号的内容推送

能否不断吸引小区业主（用户）成为公众号的粉丝，甚至吸引周边小区业主（用户）的关注，关键在于物业微信公众号能否有高质量的内容推送。物业微信公众号的内容推送，可从图2-21所示的几个方面着手。

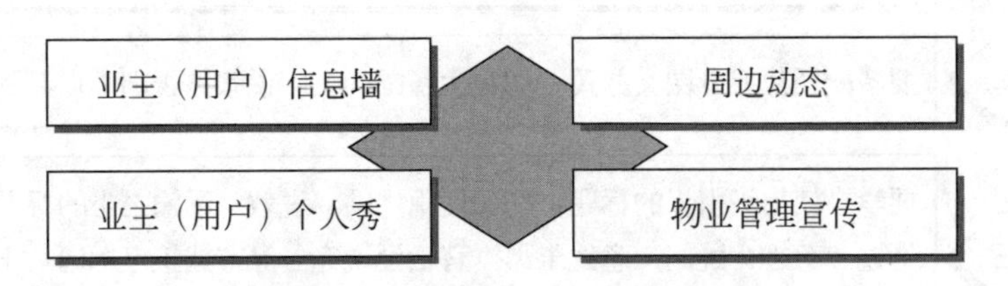

图2-21 物业微信公众号的内容推送

（1）业主（用户）信息墙。现在各类私房甜品、私房菜层出不穷，小区如果有业主（用户）从事这方面的生意，肯定希望将信息告知周边业主（用户）。微信公众号编辑推送这部分信息，既帮助了业主（用户）的生意，也方便了其他业主（用户）的生活。当然信息墙还可以包含邻里求助、旧物易换、拼车、邻里活动等信息。

（2）业主（用户）个人秀。小区业主（用户）中间有各类文艺才华的不在少数，尤其是已退休的老干部和青少年学生，他们需要有平台来展示他们的才艺，也希望有更多的人关注他们的生活。因此，定期推送业主（用户）的摄影、绘画、诗词和文章等作品，有利于丰富公众号的推送内容，也可以提升小区的文化品位。

（3）周边动态。物业服务企业本身就是小区的一个信息汇聚点，不论是社区街道的相关政策，还是周边的交通信息，物业服务企业都会或多或少地了解一些。因此，定期推送周边动态，让业主（用户）及时知晓社区街道的最新政策通知、周边的交通状况、周边商家的打折信息、区域的趣味活动等，可有效吸引业主（用户）不断关注公众号的推送内容。

（4）物业管理宣传。目前物业管理法律意识和消费意识的普及还有比较长的路要走，小区微信公众号对物业管理进行宣传，既能普及知识，也是解决管业之间信息不畅和信息不明的有效途径。微信公众号有关物业管理的宣传，要把握好图2-22所示的几个关键点。

关键点一	每次选取的宣传点要尽量小。比如，“宠物豢养”这个宣传面很大，但是“文明养宠”这个点就相对较小
关键点二	要多配图片或者图文并茂，切记大篇幅的文字说教，否则难以起到效果
关键点三	要学会使用吸引人的标题。切勿使用生硬、说教、灌输之类的标题。要通过“有趣、疑问、意犹未尽、有话没说完”等方式拟定标题，来吸引业主（用户）的点击

图2-22 微信公众号有关物业管理宣传的关键点

小提示

微信公众号的运营，越往后就越能体现“内容为王”的真理。有些微信公众号发红包、送礼品，甚至推送一些低俗笑话、视频，既不符合物业小区微信公众号的运营准则，也不能保证公众号的持续健康运营。

学习回顾

1. 物业管理人员应具备哪些能力？
2. 如何处理业户的投诉？
3. 与业主委员会沟通有什么技巧？
4. 装修现场巡查需注意哪些重点？
5. 装修验收有什么要求？
6. 如何追讨物业费用？
7. 在线收费有哪些方式？
8. 物业开展社区电商有什么优势？
9. 物业公众号的内容推送应注意什么？

学习笔记

第三章
Chapter three
日常运作管理

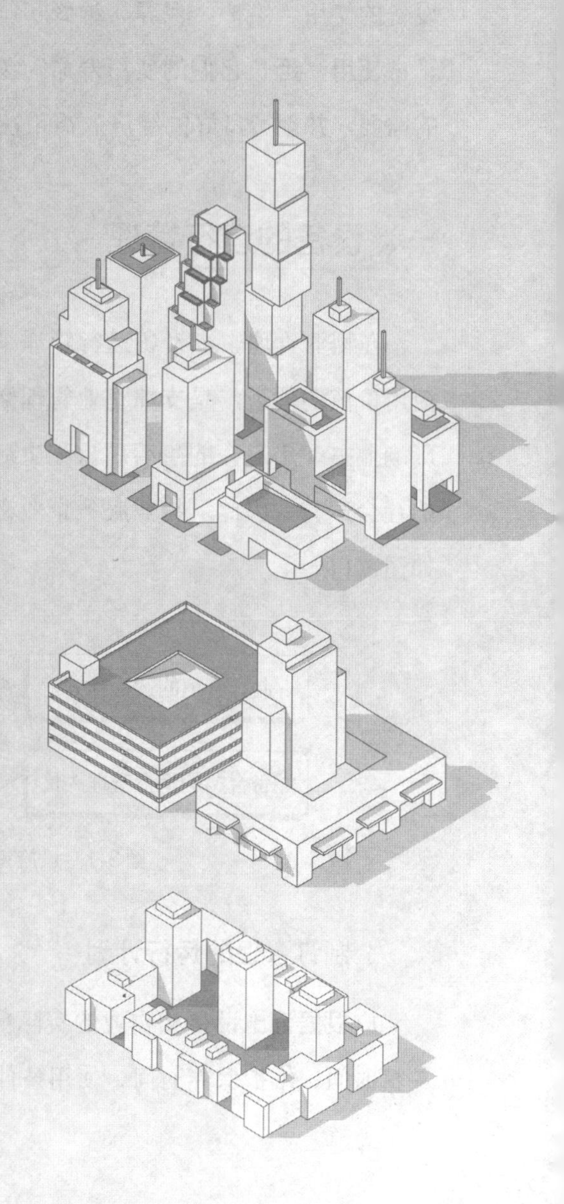

本章学习目标

1. 了解设施设备管理的常识。
2. 了解物业安全管理的常识。
3. 了解物业保洁管理的常识。
4. 了解物业绿化管理的常识。

第一节 设施设备管理

物业设施设备管理，是物业服务企业根据物业服务合同的约定和有关规定，利用先进的技术手段和科学的管理方法对房屋的共用部分及共用设施、设备的使用、维护、保养、维修实施管理，提高它们的完好率，保证它们的正常使用，延长它们的使用寿命，以最大限度地满足业主（用户）和使用人的需要，并创造良好的经济效益和社会效益。

一、设备的运行管理

在物业管理中，设备运行管理是管理过程中的重要一环，它关系到物业使用价值的体现，是支撑物业管理活动的基础。设备运行不好，不但会直接影响业主（用户）的生活质量和生活秩序，而且也会严重影响物业管理企业的社会声誉。因此，物业服务企业必须做好设施设备的运行管理，具体措施如图3-1所示。

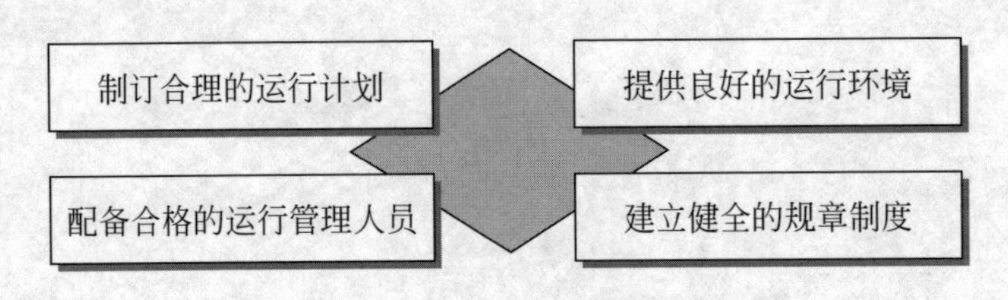

图3-1 设施设备的运行管理措施

1.制订合理的运行计划

应根据设施设备和物业的实际情况制订合理的使用计划，计划可包括开关机时间、维护保养时间、使用条件和要求等方面的内容。

比如，电梯的运行时间、台数和停靠楼层，中央空调机组的开关机时间和制冷量、供应范围和温度，路灯或喷泉的开关时间等。

这些内容应根据具体物业的实际情况和季节、环境等因素的变化而有所区别，以满足安全、使用、维护和经济运行方面的需要。

2.配备合格的运行管理人员

物业服务企业应根据设施设备的技术要求和复杂程度，配备相应的操作人员；并根据设备性能、使用范围和工作条件安排相应的工作量，以确保设施设备的正常运行和操作人员的安全，具体措施如图3-2所示。

采取多种形式，对员工进行多层次的培训，培训内容包括技术教育、安全教育和管理业务教育等，目的是帮助员工熟悉设施设备的构造和性能

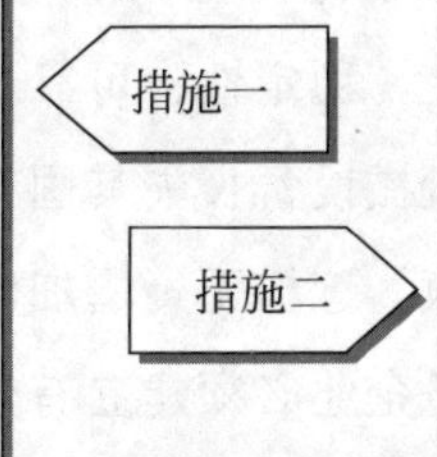

操作人员经培训考核合格后，才能独立上岗操作相关的专业设备。供配电、电梯、锅炉运行等特殊工种，还应参加政府主管部门组织的考核，考核合格后凭证上岗

图3-2　配备合格运行管理人员的措施

3.提供良好的运行环境

工作运行环境不但与设施设备的运转、使用寿命有关，而且对操作者的情绪也有重大影响。为此，物业服务企业应安装必要的防腐蚀、防潮、防尘、防震装置，配备必要的测量、保险、安全用仪器装置，同时还应安装良好的照明和通风设备等。

4.建立健全的规章制度

健全的规章制度，应包括如图3-3所示的内容。

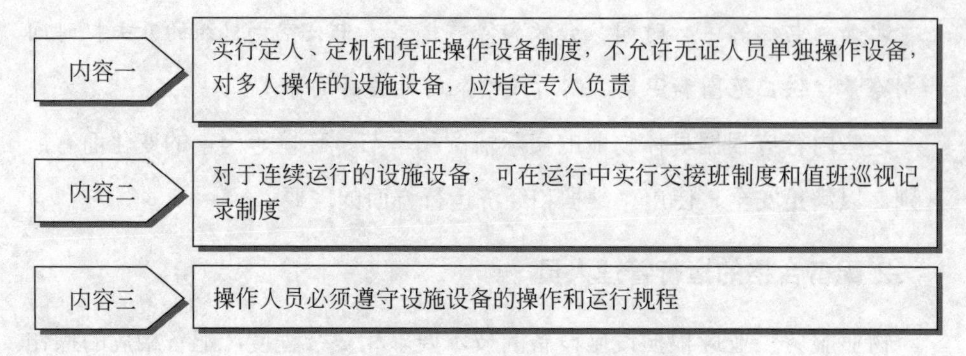

图3-3 健全的规章制度应包括的内容

二、设备的保养管理

设备长期在不同的环境中使用，机械部件磨损、间隙增大、配合改变，会直接影响设备原有的平衡性、稳定性、可靠性，在一定程度上也会降低设备的使用效率，甚至会导致机械设备丧失其固有的性能，无法正常运行。此时，设备就要进行大修或更换，这样无疑增加了企业成本，影响了企业资源的合理配置。为此，物业服务企业必须建立有效的设备管理机制，理论与实际相结合，科学合理地制订设备的维护、保养计划，具体措施如图3-4所示。

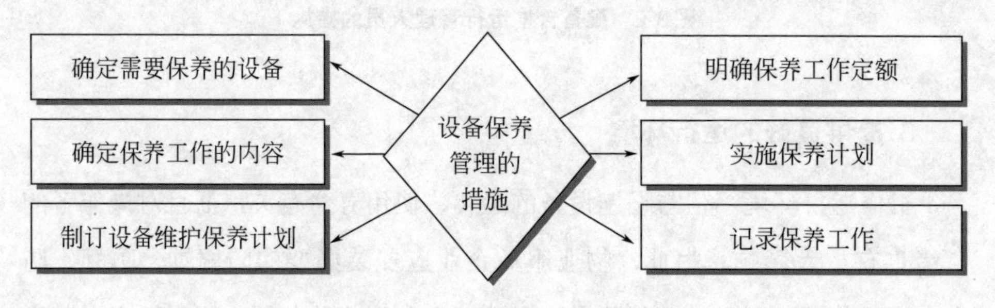

图3-4 设备保养管理的措施

1. 确定需要保养的设备

物业服务企业应该建立按照设备系统划分的设备档案。通过设备档案可以全面了解设备的现状，从而确定需要保养的设备。

2. 确定保养工作的内容

保养工作的内容要根据设备的运行状态来确定，主要基于两个方面，如图3-5所示。

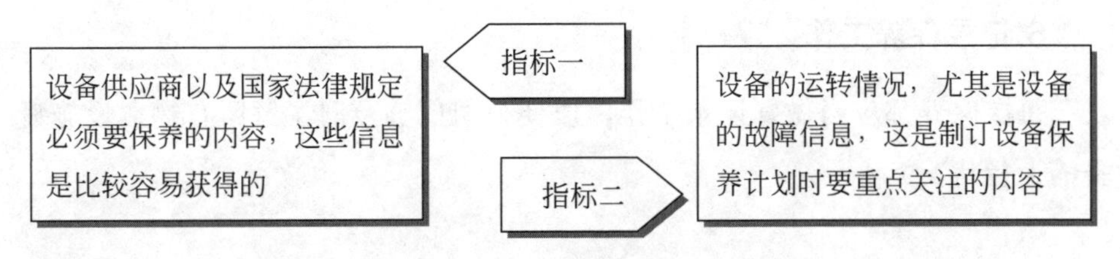

图3-5　确定保养工作的指标

3. 制订设备维护保养计划

设备维护保养计划可以根据管理要求制订，形式是多样的，但必须包含图3-6所示的内容。

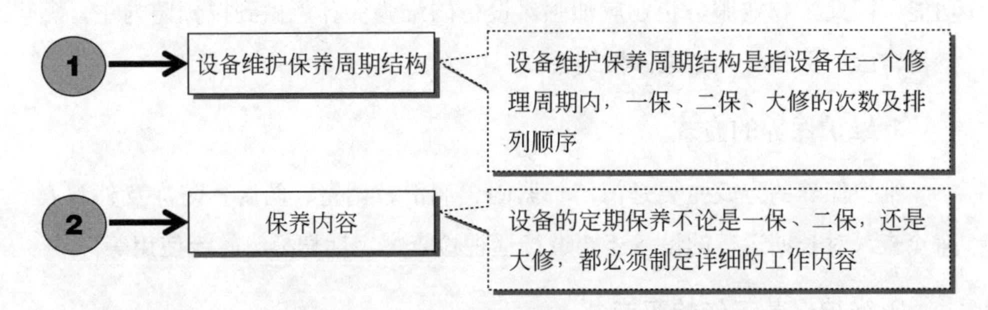

图3-6　设备保养计划应包括的内容

4. 明确保养工作定额

设备保养工作定额包括工时定额、材料定额、费用定额和停歇天数定额等。设备保养工作定额是制订设备保养计划、考核各项消耗，以及分析保养活动经济效益的依据。

5. 实施保养计划

如果没有特殊情况发生，设备保养的实施则应该按照保养的计划进行。在具体工作开始前，要对工作进行分解，准备好相关材料；实施保养后要进行验收和记录。

如果当天的保养工作受到干扰，或者因为其他原因没有完成，则需要重新安排维护工作。

6.记录保养工作

每次保养都应当做好记录工作，以便公司能够及时了解所有物业设施设备的运行状况。

三、设备的日常维护

设备若得不到及时的维修保养，就会出现故障，使用年限也会缩短。对设备进行维修保养是为了保证设备安全运行，并最大限度地发挥有效的使用功能，因此，物业服务企业应加强对设备的维修保养，做到以预防为主，坚持日常维护保养与计划维修相结合。

1.维护保养的方式

维护保养的方式主要是清洁、紧固、润滑、调整、防腐、防冻及外观表面检查。对长期运行的设备还要进行巡视检查、定期切换、轮流使用等。

2.维护保养工作的实施

维护保养主要是指做好日常维护保养和定期维护保养工作，其要求如表3-1所示。

表3-1　维护保养工作的实施要求

序号	类别	管理要求	保养实施要求
1	日常维护保养工作	应该长期坚持，并且要做到制度化	设备操作人员应在班前对设备进行外观检查；在班中按操作规程操作设备，定时巡视、记录各设备的运行参数，随时注意设备在运行中有无震动、异声、异味、超载等现象；在班后做好设备清洁工作

续表

序号	类别	管理要求	保养实施要求
2	定期维护保养工作	根据设备的用途、结构复杂程度、维护工作量及维护人员的技术水平等，决定维护的间隔周期和维护停机的时间	需要对设备进行部分解体，为此，应做好以下工作： （1）对设备进行内、外清扫和擦洗 （2）检查运动部件转动是否灵活、磨损情况是否严重，并调整其配合间隙 （3）检查安全装置 （4）检查润滑系统油路和过滤器有无堵塞 （5）检查油位指示器，清洗油箱，换油 （6）检查电气线路和自动控制元器件的动作是否正常等

3.设备的计划检修

计划检修是对正在使用的设备，根据其运行规律及点检结果来确定检修周期，并以检修周期为基础编制检修计划，对设备进行积极的、预防性的修理。根据设备检修的部位、修理工作量的大小，以及修理费用的高低，可将计划检修工作分为小修、中修、大修和系统大修四种，具体如表3-2所示。

表3-2　计划检修工作的种类

序号	计划检修类别	主要内容	备注
1	小修	清洗、更换和修复少量易损件，并做适当的调整、紧固和润滑工作	一般由维修人员负责，操作人员协助
2	中修	在小修的基础上，对设备的主要零部件进行局部修复和更换	中修、大修主要由专业检修人员负责，操作人员协助工作
3	大修	对设备进行局部或全部的解体，来修复或更换磨损或腐蚀的零部件，尽量使设备恢复到原来的技术标准；同时也可对设备进行技术改造	
4	系统大修	对一个系统或几个系统甚至整个物业设备系统停机大检修，通常将所有设备和相应的管道、阀门、电气系统及控制系统的检修都安排在系统大修中	系统大修时，所有相关专业的技术管理人员、检修人员和操作人员都要按时参加，积极配合

案例赏析

维修不及时致业主摔倒

【案例背景】

某小区第38栋楼的公用水箱出现渗漏现象，该栋楼的业主已向物业公司反映了情况，要求其及时予以修缮，但物业公司一直未采取措施。有一天，该栋楼的业主赵小姐回家经过楼前通道时，因地面积水而不慎摔倒，导致右腿骨折，被送往医院治疗。赵小姐要求物业公司赔偿其医药费、营养费及误工补贴等相关费用未果，把物业公司告上法庭。法院判决：物业公司应当承担责任。

【案例分析】

本案例中，小区物业公司对公用水箱的渗漏未及时维修，致使赵小姐因地面积水而摔倒住院，应由物业公司对赵小姐的损失给予赔偿。

物业公司要避免因维修不及时导致的赔偿责任，就必须对职责范围内有问题的设施设备进行及时维修，并建立维修责任人制度，对没有尽职尽责的相关责任人予以处罚。

四、房屋的零星养护

房屋的零星养护修理，指结合实际情况确定的或因突然损坏引起的小修。

1.零星养护的内容

零星养护的内容如图3-7所示。

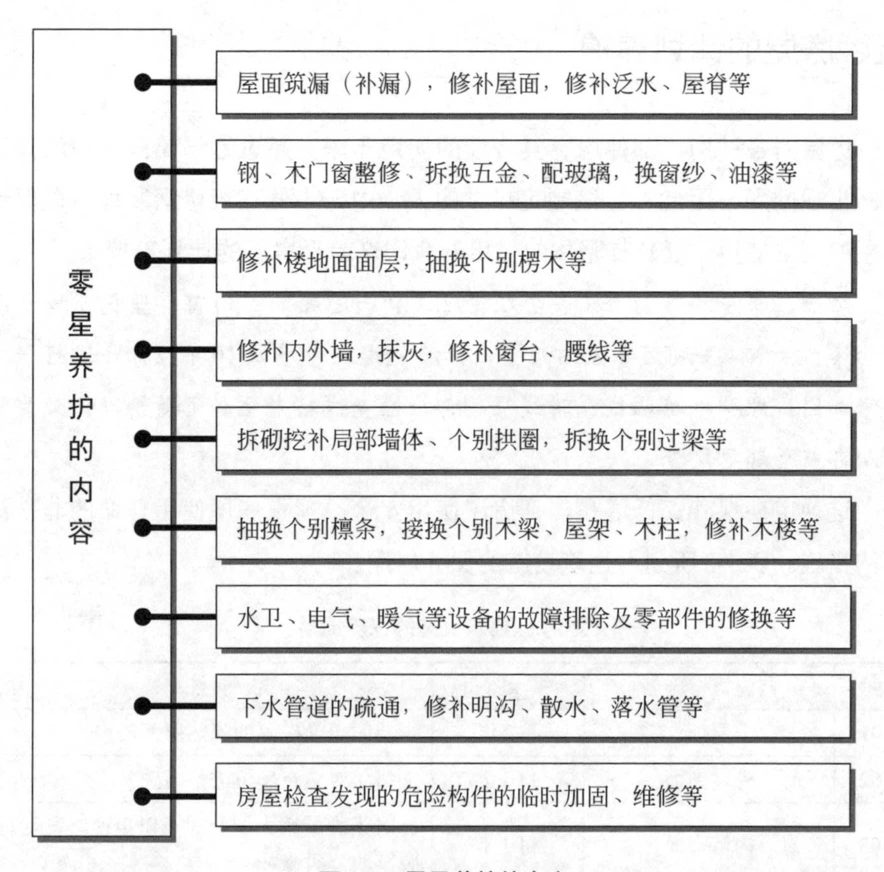

图3-7 零星养护的内容

2. 日常零星养护的要求

日常零星养护，主要通过维修管理人员的走访、住房和业主（用户）的随时报修两个渠道来进行。零星养护的特点是修理范围广、项目零星分散、时间紧、要求及时，并具有经常性的服务性质。

小提示

零星养护应力争做到“水电急修不过夜，小修项目不过三，一般项目不过五”。

五、房屋的计划养护

房屋的各种构、部件均有其合理的使用年限，超过这一年限一般就开始不断出现问题。因此，应该制定科学的大、中、小修三级修缮制度，以保证房屋的正常使用，延长其整体的使用寿命，这就是房屋的计划养护。

比如，房屋的纱窗每3年左右就应该刷一遍铅油；门窗、壁橱、墙壁上的油漆、油饰层一般5年左右应重新油漆一遍；外墙每10年应彻底进行一次检修加固；照明电路明线、暗线每年都应检查线路老化和负荷情况，必要时可局部或全部更换等。

这种定期保养、修缮是保证房屋使用安全、延长房屋使用寿命的非常重要的措施。表3-3所列为建筑设施的保养周期。

表3-3 建筑设施的保养周期

序号	公共建筑设施名称	保养周期	备注
01	屋顶	每2年	及时更换破碎的隔热层面砖
02	外墙饰面	每3年	每年对重点部位进行清洗
03	内墙饰面	每3年	对于裂缝较大的及时予以更换，发现有脱落的及时修补
04	楼梯间	每3年	对粉刷墙面损坏的及时修补
05	门	每1年	对生锈或掉漆的门应及时修理
06	防盗网、花园围栏	每2～4年	根据损坏情况确定刷油漆时间
07	窗	每1年	
08	公共地砖	每3年	损坏或裂缝严重的应更换
09	吊顶	每3年	发现有破损应及时更换
10	人行道、车行道	每1年	发现有损坏应修补
11	管道	每3年	必要时可以增加刷油漆次数
12	污水井	每1年	
13	遮雨篷	每1年	在大雨或台风来临前应增加保养次数
14	玻璃幕墙（玻璃门）	每1年	在大雨或台风来临前应增加保养次数

案例赏析

污水管道返水

【案例背景】

某年8月5日，某小区15栋楼302房业主给管理处打来了电话，说厨房和洗手间的地漏返水，污水已淹没大厅的部分木地板，要求立刻处理。

五分钟后，维修工带着工具赶到现场，但这时污水已经退去。随后，清洁工也闻讯赶来，并按照业主的要求迅速将厨房内的物品搬出进行清洁。然后，主管及时安排有关职员尽快更换木地板和橱柜，同时协调责任方与业主就赔偿问题达成共识。业主对物业公司的处理表示满意。

为了把问题彻底解决，管理处决定一定要查明原因，于是，便对此问题进行认真的检查和分析，最后认定是该楼刚刚入伙，污水管的管道内残留建筑垃圾，平时排水量少时污水可以排出去，但在用水高峰期时则排水不畅，导致返水。

发现问题后，他们马上协调和督促有关方面对小区的所有排污管道进行了一次全面检查，对排污不畅的管道进行了疏通，从管道中清除了不少建筑垃圾，进而彻底消除了管道返水的隐患。

【案例分析】

出了类似的问题，要迅速处理，该管理处的员工可谓训练有素，相关部门的人员能迅速到位，问题得以快速解决。同时，管理处并不止于某一问题，而是由点及面，找出问题的根源，从而把隐患彻底消除，这也有利于将来工作的开展。

第二节　物业安全管理

物业安全管理包括“防”与“保”两个方面，“防”是预防灾害性、伤害性事故发生；“保”是通过各种措施对突然发生的事故进行妥善处理。“防”是防灾，“保”是减灾，两者相辅相成，缺一不可。

一、物业安全管理的原则

安全管理在整个社会中具有重要的地位和意义，是社会活动的基础和保障。在物业管理活动中，安全管理不仅保证了业主（用户）的生命财产不受损害，而且保障了物业服务企业的正常运作。因此，物业服务企业要切实抓好安全管理，在实际工作中可遵循图3-8所示的原则。

原则一　坚持预防为主、防治结合的原则

治安工作关键是要做好预防，应防患于未然

原则二　坚持物业治安管理与社会治安管理相结合的原则

物业安全离不开社会治安环境的改善，同样，社会治安也不能失去物业区域治安工作的支撑。物业区域内的治安工作有赖于社会力量和公安部门的支持

原则三　坚持“服务第一、以人为本”的服务宗旨

管理就是服务，安保也是一种服务。治安管理者必须紧紧围绕“努力为业主（用户）提供尽善尽美的服务”这一中心开展治安管理工作

原则四　坚持治安工作硬件与软件一起抓的原则

物业管理中的治安工作既要依靠治安工作的软件管理，也要依靠治安防治的硬件设施

图3-8　安全管理的原则

二、物业安全管理的内容

物业安全管理包括图3-9所示的内容。

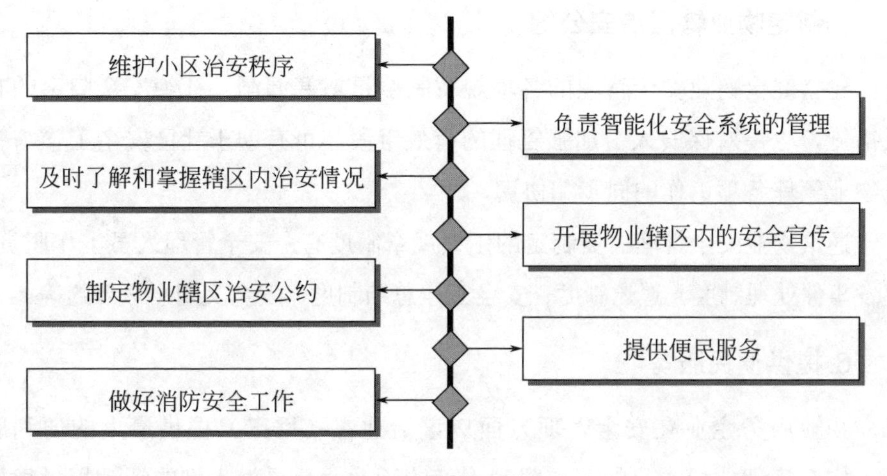

图3-9 安全管理的内容

1. 维护小区治安秩序

严格执行国家有关政策、法令，密切配合公安部门，做好物业辖区内的治安管理工作，对物业辖区内违反国家治安管理和刑事犯罪的行为应及时进行规劝和制止，并将犯罪嫌疑人及时送交公安机关依法查处。

2. 负责智能化安全系统的管理

对各种监控系统、报警系统等智能化安全系统要实行24小时的全天候监控。

3. 及时了解和掌握辖区内治安情况

定期开展物业辖区内的安全检查；了解和掌握辖区人口居住情况，发现可疑问题要及时查处，来避免或降低治安危害程度。

4. 开展物业辖区内的安全宣传

宣传的内容主要包括禁毒、扫黄、打假、防盗、预防治安事故发生等。

可采用的宣传方式有板报、图片、标语、横幅、讲座、印发资料等。通过物业治安宣传，可使辖区内人人知法、懂法、守法，共同预防各类治安案件的发生，创造良好的治安环境。

5.制定物业辖区治安公约

建立健全物业安全管理的各项规章制度是堵塞漏洞、杜绝安全隐患的有效措施，也是对保安人员加强管理的有效手段，可有助于社区安全工作与社区物业管理各项工作的同步和协调。

通常物业安全管理需要制定的主要规章制度有：安全管理人员工作职责、突发事件处理制度、巡逻制度、安全工作总结制度、安全文明小区公约等。

6.提供便民服务

物业服务企业在安全管理方面应该给业主（用户）提供最大的便利服务，安全管理的根本目的不是限制人们的活动，而是为人们的活动提供更好的服务。

7.做好消防安全工作

在日常管理中，应采取有效措施预防火灾的发生。当火灾发生时，要迅速采取应急措施以最大限度地减少火灾的损失。消防安全不仅关系到小区业主（用户）生命和财产的安全，而且还涉及社会的安定与经济的健康发展。火灾是现实生活中最常见、最突出、危害最大的一种灾害，给许多单位和家庭带来了巨大的灾难。因此，做好消防工作是物业安全使用和社会安定的重要保证。

三、物业安全管理的方式

物业安全管理方式应根据物业性质的不同而有所不同，但总体来说主要有图3-10所示的三种。

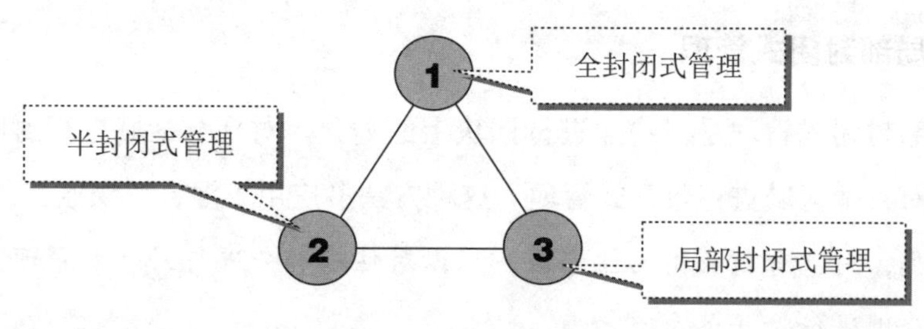

图 3-10　安全管理的方式

1. 全封闭式管理

全封闭式管理是对进出物业的人、车、物全部实行查验放行的管理方法。全封闭式管理要求物业具有物质上的全部隔离装置，而且往往采用先进技术来防止翻越，还应对物业所有的出入口进行管理，具体管理内容主要有：

（1）人：访客必须得到业主（用户）的许可，并进行登记；其他人员禁止入内。

（2）车：对所有机动车辆进行登记，验证后放行。

（3）物：禁止物业不允许存放的物品入内（如危险品、剧毒物品等），大件或具有一定价值的物品由业主（用户）本人同意后方可运出。

小提示

全封闭式管理的安防效果好，但成本较高。较高档次的住宅，尤其是高层住宅楼宇，较多采用这种管理方法。

2. 半封闭式管理

半封闭式管理是对进出物业的人、车、物实行部分查验放行的管理方法。半封闭式管理要求物业具备对需要进行验放的人、车、物进行限制、隔离和管理的物质条件、技术手段和管理方法。一般较大型的住宅小区、写字楼、工业区较多采用半封闭式管理。

3.局部封闭式管理

局部封闭式管理是对物业进行区块上的划分，对部分区域进行封闭式管理，而对其他区域进行敞开式管理。这种方法多应用于混合型物业。

比如，对包含商业街的住宅区，可以对住宅部分进行封闭式管理，而对商业部分则进行敞开式管理。

四、治安巡逻管理

在物业治安管理中，巡逻是很重要的一个保障，因为，出入口的第一道防线还不足以完全防止所有不法分子的进入；治安、消防等其他隐患只有通过巡逻岗位的巡视才能及时发现并得到及时解决。要真正做好巡逻工作，确保做到巡之有效，巡之有为，才能打造物业治安防范管理的立体防范体系。治安巡逻管理的主要工作，如图3-11所示。

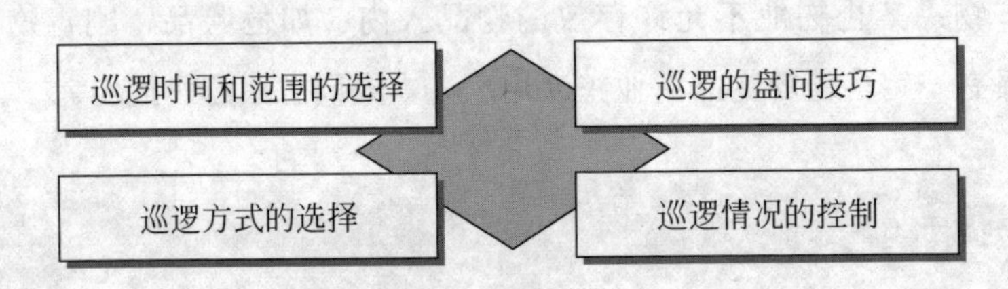

图3-11 治安巡逻管理的主要工作

1.巡逻时间和范围的选择

巡逻的时间和范围应根据小区周边治安形势、犯罪分子的活动特点，以及所管项目的特点，并结合季节变化做相应的调整。一般来说夜间是巡逻的重点，尤其是傍晚至午夜。节假日、恶劣天气等情况也要加强巡逻，不能在时间上留空档。

比如，××物业在年底治安形势严峻的时候要求：佩戴“××派出所治安巡逻”的红色袖标，统一着装，尽量扩大声势；主要加强外围、出入口及商业广场的巡逻，体现震慑力；小区内列队巡逻，增加业主（用户）的安全感，提高满意度；根据重点区域合理分配时间，巡逻队应配有强力灯。

2. 巡逻方式的选择

巡逻的方式很多，主要有定时巡逻、不定时巡逻、定线巡逻、不定线巡逻、定线和不定线相结合巡逻、制服巡逻和便衣巡逻。但总的来说，巡逻的方式要结合实际情况灵活多变，制定不同的巡逻路线并且要做到保密，不要让犯罪分子掌握巡逻规律。

3. 巡逻的盘问技巧

巡逻过程中发现可疑人员，不但要敢于盘问，而且要善于盘问。将形迹可疑人员、财物来源可疑人员、身份不明人员、案件关联人员作为重点盘查对象，可采取图3-12所示的方式进行盘问。

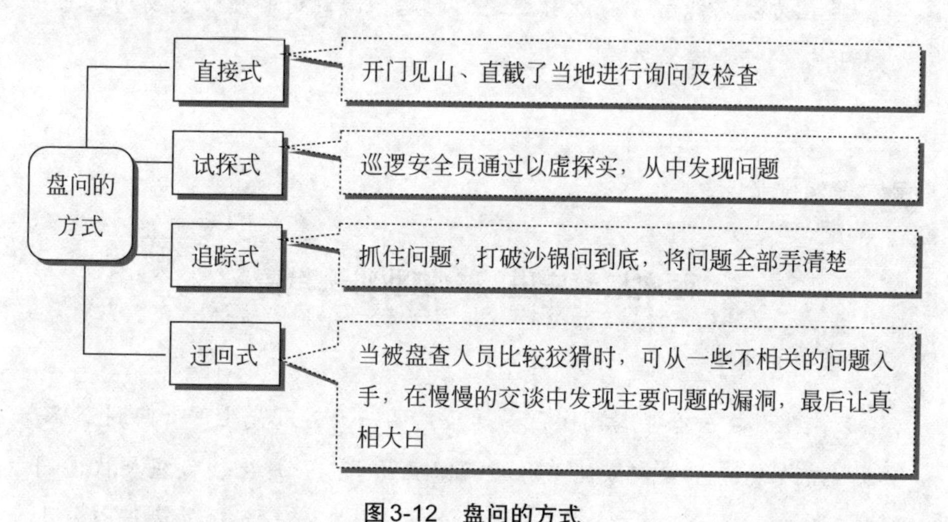

图3-12 盘问的方式

4. 巡逻情况的控制

虽然很多物业服务企业制订了周密的巡逻计划，但由于部分安全员工作态度不端正、责任心不强，会存在走过场甚至未巡逻的现象。因此，要对安全员的巡逻情况进行控制和检验，最常用的方法如图3-13所示。

设置签到点

巡逻签到点设置简单，成本低廉，可由部门安全负责人制定简单明了的岗位巡逻签到路线。高层、小高层每栋必须有单独的签到点，不能对一个区域、一个线路同时使用多种巡逻方法

电子巡更系统

电子巡更系统是一种检查、记录安全员巡逻是否到位的电子设备，能够有效地对保安的巡逻工作进行管理

图3-13 巡逻情况的控制措施

小提示

监控方法只能解决有没有巡逻的问题，而巡逻的质量就要通过平时的培训教育来提高了。

案例赏析

两次从窗户进贼，物业难逃其责

【案例背景】

万先生住在一个半封闭小区。春节前的一天，万先生下班回到家里，一进门就发现满屋被翻得乱七八糟，家里的首饰、珠宝、数码相机连同两万元现金一并被小偷洗劫了，万先生马上报了警。经过警方调查，小偷应该是在家里人上班、小区院里人不多的时候，通过楼梯通道的窗户，爬到万先生家的阳台，从没有关好的窗户进去的。小偷专门翻找轻便的物品，且大摇大摆地从正门出去，致使连后来查看监控，都看不出哪个人是小偷。损失惨重的万先生一方面等待警方破案，一方面与物业联系

寻求解决办法。

万先生家住3楼，他家卧室的阳台与楼梯的窗户相隔不远，那天早上，他开窗透气，结果忘了关。小偷于是从临近这扇窗户的楼道窗户爬进万先生家。发生盗窃案后，万先生要求物业必须将楼梯内的窗户安装防护栏。小区物业认为，小区内都装防护栏，将是一笔不小的费用，于是没有同意。然而就在3月，万先生家再次被盗，而且与上次的手段完全一样，只是这次万先生家里没有放置值钱的东西，只丢了几百块钱。万先生再次找到物业，表明他已准备将物业公司起诉到法院。物业公司这次没敢怠慢，尽力安抚万先生，并及时将离万先生家较近的楼道窗户安装了防护栏，而且将小区内所有存在安全隐患的楼道窗户都安装了防护栏。

【案例分析】

按照《物业管理条例》的规定，安保是物业管理合同中的基本业务。

第一，要协助物业管理，做好物业管理区域内的安全防范工作。

第二,一旦发生了安全事故，物业公司应当采取一切应急措施。

当业主已经发现安全隐患，特别是发生过盗窃案件后，物业明知存在隐患却不顾业主要求，没有实施必要的防范措施，致使业主家再次被盗，这就难逃其责了。尽管物业合同中没有规定要安装防护栏，但在业主的人身财产安全受到威胁时，物业公司有防护、告之、减小危害的义务。

五、车辆安全管理

由于对停车场位、停车场库重视不够，或者对车辆发展速度估计不足，尽管一般的住宅区、商业区、工业区都留有停车场位或设有停车场库，但是停车车位大都严重不足，造成了车辆乱停乱放；加之车辆种类、型号、吨位的复杂，使得管理人员日益头痛。但无论怎样，在已有的停车场基础上，物业服务企业都要想办法做好车辆的安全管理工作。

1.加强人力安排

物业管理区域内的交通一般不是由交警负责，而是由物业管理处管理。

（1）对于大型物业，范围广、道路多，物业服务企业可以考虑设置交通指挥岗位，安排专职人员负责指挥交通。

（2）在交叉口交通流量不大的情况下，可由保安指挥交通；在交通量较大或特殊的交叉口，则应设置信号灯指挥交通。

小提示

使用交通指挥信号灯进行交通指挥，可以减少交通指挥员的劳动强度，减少交通事故的发生，提高交叉口的通行能力。同时，也要加强保安员的培训，让每人都有指挥交通的能力。

2.制定管理规定

为了确保物业管理区域内的交通安全畅通，物业服务企业应制定小区交通管理规定，对进入小区的车辆进行限制，对居民车辆停放、行驶的行为进行规范。小区交通管理规定一定要予以公示，可贴在小区入口或停车场（库）入口处。

3.完善停车场的管理

停车场管理是物业日常管理的一个重要内容，为了让所管辖区域车辆有序进入、安全停放、减少纠纷与事故，物业服务企业应积极完善停车场的管理工作，可以从图3-14所示的几个方面入手。

（1）合理规划停车位。

停车位分为固定停车位和非固定停车位，大车位和小车位。固定停放车位的用户应办理月租卡，临时停放的应使用非固定停车位。固定停车位应标注车号，以方便车主停放。

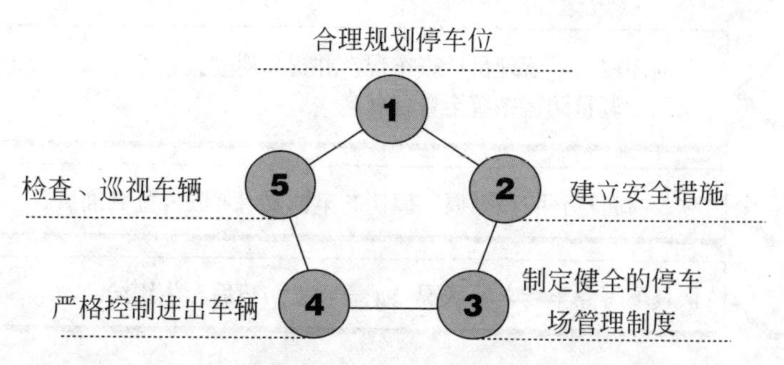

图3-14 停车场的管理措施

小提示

车场的管理人员应熟记固定停车位的车牌号码，并按规定引导小车至小车位，大车至大车位，避免小车占用大车位。

（2）建立安全措施。

建立安全措施即要求停车场内光线充足，适合驾驶，各类指示灯、扶栏、标志牌、地下白线箭头指示清晰，在车行道、转弯道等较危险地带设立警示标语，车场内设立防撞杆、防撞柱。

车场管理人员在日常管理中应注意这些安全措施，一旦发现光线不足，各类警示标语、标志不清楚，应及时向上级汇报，并通知维修人员进行处理。

（3）制定健全的停车场管理制度。

只有良好的停车场（库），没有健全的管理制度，同样不能把车辆管理好。健全的管理制度应该包括：门卫管理制度、车辆保管规定等。

（4）严格控制进出车辆。

在停车场（库）出入口处应安装车辆出入管理系统，通过电脑可实现车辆出入管理、自动存储数据等功能，提供一种高效管理服务。

（5）检查、巡视车辆。

车辆管理员应实行24小时值班制，要做好车辆检查和定期巡视，以确保车辆的安全，消除隐患，具体措施如图3-15所示。

措施一	车辆停放后，管理员检查车况，并提醒驾驶人锁好车窗、带走贵重物品、调整防盗系统至警备状态
措施二	对入场前就有明显划痕、撞伤的车辆要请驾驶人签名确认
措施三	认真填写停车场车辆状况登记表，以防日后产生纠纷

图3-15 检查、巡视车辆的措施

案例赏析

车辆破损，进入车场后推卸责任

【案例背景】

某日23时40分，花园B栋一业主将车辆驶进小区，停放后便上楼休息。随后赶到的巡逻保安员发现车的后窗玻璃已经破碎，当即向保安班班长汇报，并做了详细记录。考虑到车主可能已经就寝，且现场情况可以认定车窗是在车场以外损坏的，就没有打扰车主予以核对确认。

第二天早晨6时20分，保安员向车主通报其车辆后窗破碎。不料车主竟一口咬定是停进车位后被高空抛物所致，反倒要求管理处予以赔偿。保安员拿出查车记录加以说明，并让其仔细查看一直保护着的现场情况。车主横生枝节，否认记录和现场的真实性。一方据理评说，一方拒不认账，一时难以扯清。

在双方争执不下的情况下，管理处请来所属派出所员工进行调查和调解。派出所的工作人员认真查阅记录和勘查现场，询问有关人员和周边住户，然后断定车窗是在车场之外破碎的，由车主自行负责，并对车主嫁祸于人的行为提出了严厉批评。车主哑口无言，只得认账。

【案例分析】

从这个案例我们可以得到以下经验：

（1）发现类似的事情，应该及时告知业主，当时打扰一下，可能就少了后面的麻烦。

（2）遇到一些可能产生争议的问题，从一开始就应注意搜集和留存相关证据。有了证据，一旦出现纠纷，处理起来就可以省去许多麻烦。

（3）无法扯清的情况下，应及时请权威机关来处理。

六、高空坠物管理

高空坠物很容易造成人员伤亡，因此，物业服务企业必须采取各种措施加强这方面的管理，同时也要做好高空坠物后的处理工作。

1. 建筑物及附着物坠物管理

对建筑物及附着物坠物的管理，可以采取图3-16所示的措施。

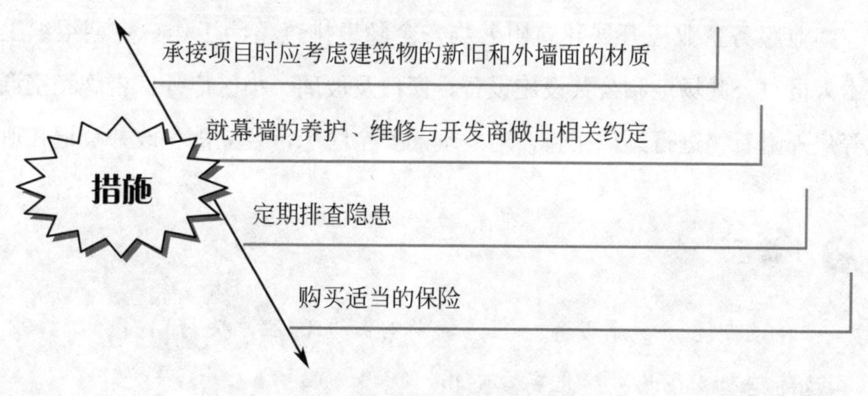

图3-16 建筑物及附着物坠物管理措施

（1）承接项目时应考虑建筑物的新旧和外墙面的材质。

在与开发商或业主委员会签订物业服务合同时，应考虑建筑物的新旧和外墙面的材质。建筑物越旧，其悬挂物或搁置物发生坠落的可能性就越大，承接一个项目时，这一风险不得不考虑。

经验之谈

承接项目时应做好养护预算

建筑物的外墙面有多种材质，如金属、石材、玻璃等。不同材质的外墙面，其养护和维修的要求也存在差异。在承接项目时，需详细做好不同材质墙面的养护、维修预算。

（2）就幕墙的养护、维修与开发商做出相关约定。

承接一个项目时，物业服务企业还需要了解开发商对外墙的养护和维修与施工单位有何约定。假如开发商在与施工单位签订施工合同时，未对外墙的养护、维修方面做出具体约定，物业服务企业可与开发商约定相关免责条款，或就外墙的养护、维修进行相关约定，以避免不必要的纠纷。

（3）定期排查隐患。

物业服务企业应开展建筑附着物安全隐患排查整治工作。定期组织工程技术人员对公共场地和公共设施设备、窗户及玻璃、小区户外广告牌和空调主机等户外附着物进行逐户排查，对发现的安全隐患，要立即整改并登记在册。

小提示

台风期间，物业服务企业应提前告知居民住户关好门窗，搬掉阳台边的花盆及杂物，防止高空坠物。

（4）购买适当的保险。

为了减少不必要的纠纷，物业服务企业可以考虑购买适当的险种。

比如，在停车场靠近幕墙的情况下，购买物业管理责任险时可考虑购买停车场附加险。根据需要，还可以与开发商或业委会商量，为管理的物业项目购买公共责任险。

2.高空抛物管理

物业服务企业对高空抛物应与居委会、派出所等部门相互配合，从宣传入手，发动群众监督。对不听劝阻、屡教不改的个别人员，与治安机关联合搜集证据，予以处罚。因此，防止高空抛物，预防是关键，可以从图3-17所示的几个方面入手。

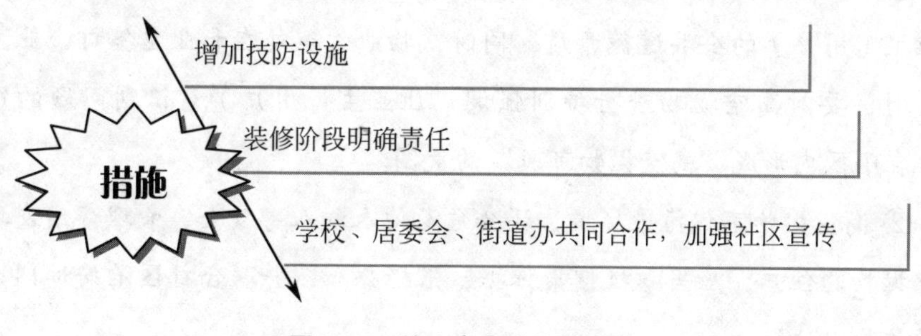

图3-17　防止高空抛物的措施

（1）增加技防设施。

为了确定“高空抛物”的黑手，物业服务企业可相应地增加技防设施，如安装探头等进行监测。技防设施可以抓住“真凶”，同时也能起到监督的作用。

（2）装修阶段明确责任。

不少业主装修时图省事，经常从楼上扔下装修垃圾。因此，物业和业主委员会可以在一开始就制定相关规范，明确责任，让居民在装修时就知道这种行为是要受到处罚的。

（3）学校、居委会、街道办共同合作，加强社区宣传。

提高业主（用户）的道德素质，是预防高空抛物的关键，具体措施如图3-18所示。

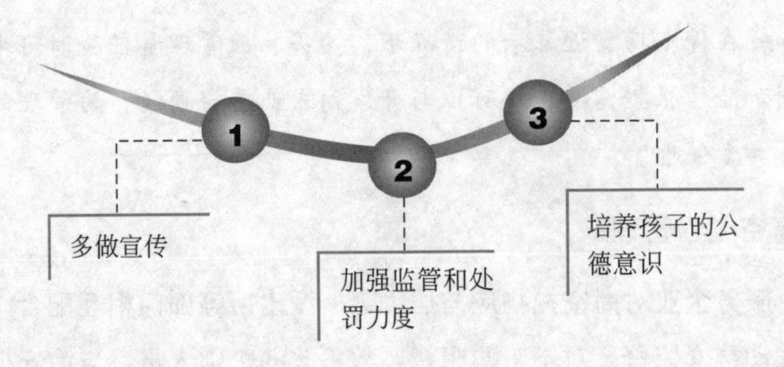

图3-18 提高业主（用户）道德素质的措施

图示说明：

① 物业管理处要对业主（用户）多做宣传，说明高空抛物的危害，提高业主（用户）的公共道德素质。同时，物业管理处在和业主签订“业主公约”时，要对高空抛物进行特别强调，让业主（用户）意识到问题的严重性，在小区内形成“高空抛物可耻”的氛围。

② 高空抛物不仅污染环境，还会危及他人的人身安全，管理部门发现有高空抛物的住户，应当积极搜集证据，张榜公布，并联合社区治安部门，采取措施予以惩罚。

③ 孩子从高空扔东西的可能性要比成人大得多。一方面他们还不了解这种事件的严重后果，另一方面，孩子极富冒险心理。

案例赏析

玻璃从天而降，物业公司是否应担责

【案例背景】

20××年4月21日，朱某某与长子周某宇、次子周某如及婆母齐某某一同步行至“某综合楼”楼下时，15层范某某的房屋窗户外左侧的幕墙玻璃忽然发生脱落，垂直坠落的玻璃将14层庄某房屋外相同位置的幕墙玻璃砸碎，一同坠落的玻璃砸中了周某如的头部和朱某某的手臂。当

即，朱某某和周某如被送往××市××医院抢救。次日，周某如因失血性休克，经抢救无效死亡。

朱某某将××房地产开发有限责任公司和××物业管理有限公司诉至××市××区人民法院，认为××房地产开发有限责任公司既是“某综合楼”的所有权人，又与××物业管理有限公司同为“某综合楼”的管理人，并明确要求由“某综合楼”的管理人承担侵权责任。一审诉讼过程中，××物业管理有限公司认为高坠玻璃属于15楼业主范某某和14楼业主庄某专有部分，相关侵权责任应由范某某和庄某承担，并向××市××区人民法院申请追加范某某和庄某为被告参加诉讼。经××市××区人民法院准许后，追加范某某和庄某为被告参加诉讼。

××市××区人民法院作出判决后，××物业管理有限公司不服，向××市中级人民法院提起上诉。

二审期间，为查明致朱某某受伤、周某如死亡的玻璃的使用人和管理人是谁，××市中级人民法院主动依职权到该建筑物的设计单位××市建筑设计研究院调查，最终确认虽然高坠玻璃位于两名业主的卧室外，但因其系不能打开的“固定扇”，用途、功能实质上替代了外墙分隔空间、荷载、挡风、隔音、隔热、保温、防火、防水等功能，故属于全体业主共有部分，应当属于××物业管理有限公司的管理范围。××物业管理有限公司20××年接手物业管理时，应当知晓建筑的安全外墙全部由玻璃构成的事实，涉案高坠玻璃在铝合金窗框外侧，用结构密封胶和铝框黏合，玻璃的荷载主要靠密封胶承受，与砖墙和混凝土外墙相比，玻璃发生脱落事件的概率相对较高。高坠玻璃所在建筑物于20××年2月竣工，至涉案侵权行为发生时（20××年4月21日）已满9年，××物业管理有限公司并未提交确实、充分证据证实其就玻璃外墙已经制定科学、有效、合理的物业管理方案，并已履行物业服务合同约定及法律规定的对业主共用部位进行严格管理、定期检查、养护维修的义务，应承担赔偿责任。

【案例分析】

近年来，高空抛物、坠物事件不断发生，严重危害了公共安全，侵害了人民群众的合法权益，影响了社会的和谐稳定。本案高坠玻璃致一死一伤的严重后果，在当地属于影响较大的案件。当事人起诉后，物业公司认为高坠玻璃属于两名业主专有部分，应由两名业主承担侵权责任。因玻璃的权属问题直接影响本案的责任承担主体，××市中级人民法院积极调查取证，最终确认致朱某某受伤、周某如死亡的高坠玻璃属于全体业主共有部分，从而明确了本案的责任承担主体，既及时保障了伤者、死者家属的合法权益，也依法维护了两名业主的合法权益。

七、开展消防宣传、培训

消防宣传、培训非常重要，应是物业服务企业常年都要进行的工作。消防培训工作主要从以下三个方面展开。

1. 消防队伍的训练和演习

物业服务企业应根据所辖物业的实际情况，每年进行一次消防演习，演习结束后，要及时总结经验，找出不足，积极改进，以提高物业服务企业防火、灭火、自救的能力。

进行消防演习时，应请公安消防部门派人指导，并请他们指点改进的办法或途径。

经验之谈

义务消防队的培训

义务消防队应由物业管理处中年轻、身体素质好和工作负责的人员组成，保安部全体保安员均是义务消防员。可请有经验的专业消防员、有关专家等进行培训，也可请公安消防部门代为培训。培训内容可以适当拓宽，使消防员能适应更加复杂的消防情况。

2. 加强对员工的安全培训管理

物业服务企业应加强对员工的消防安全教育培训，提高员工的火灾应急处置能力；应定期组织所有员工进行灭火演练，使全体人员掌握必要的消防知识，做到会报警，会使用灭火器材，会组织群众疏散和扑救初起火灾。对于新员工，上岗前必须进行消防安全培训，考核合格后方可上岗。

员工消防培训的操作程序，如图3-19所示。

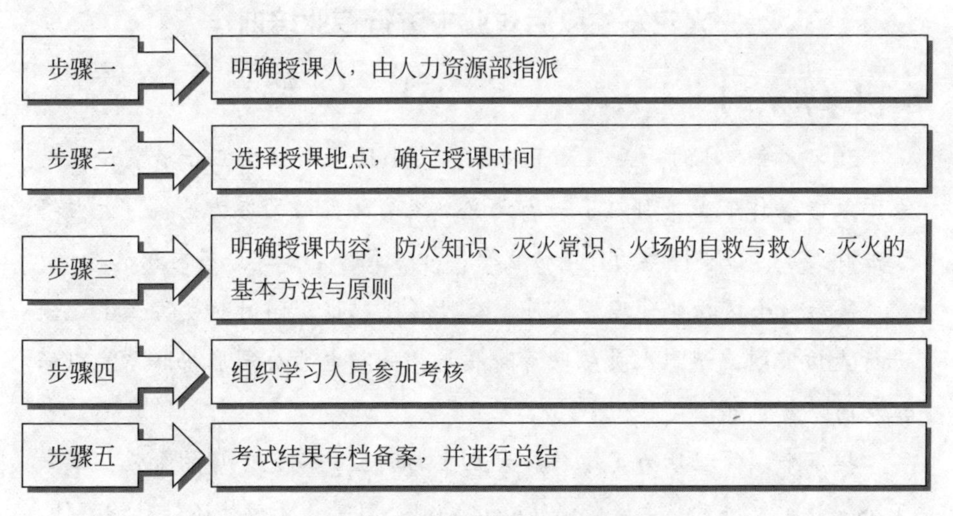

图3-19　员工消防培训操作程序

3.对业主（用户）进行培训

物业服务企业应定期组织业主（用户）进行消防知识的培训。在培训前要发布通知，并进行跟催确认。

（1）培训内容。

培训内容包括消防管理有关法律法规、防火知识、灭火知识、火场的自救和救人、常用灭火器的使用与管理，以及公司制定的“消防管理公约”“消防管理规定”“业主/住户安全责任书”“安全用电、用水、管道燃气管理规定”“消防电梯使用规定”等。

（2）培训记录。

在组织各位业主（用户）参加消防培训时，一定要做好相关记录，以显示消防培训的严肃性。

（3）考核与备档。

培训结束后，应组织参加人员考核，并将试卷存档备案。

案例赏析

火灾发生以后对业主进行专业培训

【案例背景】

20××年8月的一天，天干物燥，某小区一新业主正忙着装修，结果因装修操作不当，引起了一场火灾。经消防部门的奋力抢救，大火终于被扑灭了，但整幢楼的外墙被熏黑，并造成停电和部分屋内积水。

事后，小区物业管理处人员，及时拍照取证，同时对受害业主逐一进行走访安慰，组织人员帮助清除积水，并与电力公司取得联系，以保证及时恢复通电。

接下来，管理处为了维护广大业主的利益，避免矛盾的激化，请来了公安消防单位对业主进行消防知识培训。同时，管理处还针对该事件，与街道居委会、业委会一起在小区内建立了消防责任制。

【案例分析】

消防安全是物业安全管理的重点，它不仅包括事前防范，也包括事后处理。在该案例中，物业管理处的处理方式很好，尽量从服务业主的角度出发，请来专业消防人员，开展消防知识培训，并举一反三，建立了相应的防范措施。

八、实施消防安全检查

进行消防安全检查，是预防火灾的一项基本措施。物业服务企业应积极组织、督导消防检查工作。

1. 消防安全检查的内容

物业消防安全检查的内容主要包括：消防控制室、自动报警（灭火）系统、安全疏散出口、应急照明与疏散指示标志、室内消火栓、灭火器配置、机房、厨房、楼层、电气线路以及防排烟系统等。

2. 消防安全检查的流程

消防安全检查的流程，如图3-20所示。

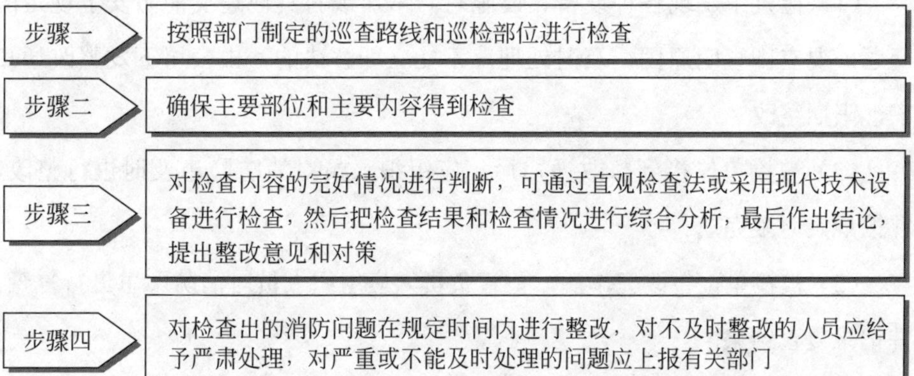

步骤一	按照部门制定的巡查路线和巡检部位进行检查
步骤二	确保主要部位和主要内容得到检查
步骤三	对检查内容的完好情况进行判断，可通过直观检查法或采用现代技术设备进行检查，然后把检查结果和检查情况进行综合分析，最后作出结论，提出整改意见和对策
步骤四	对检查出的消防问题在规定时间内进行整改，对不及时整改的人员应给予严肃处理，对严重或不能及时处理的问题应上报有关部门

图3-20　消防安全检查的流程

3.消防安全检查的要点

消防安全检查的要点，如图3-21所示。

要点一	深入楼层对重点消防保卫部位进行检查，必要时应做系统调试和试验
要点二	检查公共通道的物品堆放情况，做好电气线路及配电设备的检查
要点三	对重点设施设备和机房进行深层次的检查，发现问题立即整改
要点四	对消防隐患问题，立即处理
要点五	应注意容易被忽略的消防隐患，如单元门及通道前堆放单车和摩托车、过道塞满物品、疏散楼梯间应急指示灯不亮、配电柜（箱）周围堆放易燃易爆物品等

图3-21　消防安全检查的要点

4.监督消防隐患的整改

消防隐患的整改，要重点注意以下事项：

（1）检查中发现各种设备、设施有异常，或有其他违反消防安全规定的问题，要立即查明原因，及时处理。不能立即解决的，由公司下发整改通知书，限期整改。

（2）被检单位接到整改通知后，应组织人员对消防隐患及时进行整改，并按规定时限完成。

（3）被检单位整改完毕后，检查负责人应组织人员对消防隐患进行复查，并记录复查结果。

（4）每到月末，要对物业的消防隐患情况做月度汇总。

案例赏析

烟花蹿入高楼引发官司

【案例背景】

烟花蹿上高楼引发火灾，小区多户人家遭殃，肇事者无法查明，那么火灾所造成的损失该由谁承担？

20××年1月25日零时，新年的钟声刚刚敲响，在某住宅小区内，多户业主燃放烟花爆竹，空中散开的火星落入小区21栋503房的阳台，引燃了放在阳台上的纸板箱。

消防部门接警后，在几分钟后即到达现场，但因为小区内消防通道堵塞，其他通道停满了车辆，消防车无法到达起火点。在救火过程中，消防人员又发现楼道内消火栓的水压不够，无法出水，在启动了增压水泵后，消火栓才开始出水作业。

由于无法及时灭火，503房的火势逐渐蔓延到楼上，烧毁了603房内的空调、门窗等物品。而火灾发生时，503房和603房都无人在家，燃放烟花爆竹引发火灾的肇事者也无法查明。

当年3月，503房与603房的两位业主将物业公司告上了法庭。两位业主认为，小区的物业公司疏于管理，致使消防通道堵塞；同时，由于其对消防设施维护不力，最终导致对503房的救火延误，进而殃及603房。

法院审理认为，火灾的直接责任人是燃放烟花者，但无法查明，物业公司对此没有尽到防护义务。此外，由于物业公司管理不到位，延误了救火的时机，使火势蔓延至603房内，物业公司虽然不是直接的侵权人，但没有尽到物业管理的义务，导致损失扩大。鉴于以上原因，法院酌情确定物业公司承担503房、603房业主的经济损失。

【案例分析】

避免此类事情发生的最好措施是，平时要注意保持小区消防通道的顺畅，对消防隐患要及时处理，对消防设施设备制订日常维护保养计划，并定期组织开展消防演习。同时，在节日期间，物业公司应使用各种方法告知居民不能燃放烟花爆竹、注意防火防灾。

九、开展消防演习

消防演习，既可以检验物业管理区域内消防管理工作的执行情况，消防设备、设施的运行情况，管理处防火、灭火的操作和组织能力，又可以增强员工及业户的消防意识，提高他们的逃生及自救的能力。物业服务企业应根据物业管理区域的实际情况和消防管理部门的要求，每年组织一至两次消防演习。

1.消防演习方案的制订

在制订消防演习方案时，物业服务企业一定要充分考虑本物业的具体情况，内容通常包括演习时间、地点、参演单位、组织机构设置、演习程序及演习结束后的工作。

2.申请批准

物业服务企业或物业服务管理项目部，应提前一个月将消防演习方案上报业主委员会，经业主委员会批准后，向公安消防部门主管警官汇报、备案；同时，就消防演习方案向主管警官征询意见，并进行修改和完善。

3.消防演习实施的通知

在消防演习前两周，应向物业管理区域内的业户发出消防演习通知。在消防演习前两日，应在公共区域张贴告示，进一步提示业户消防演习事宜。具体的消防演习通知，如图3-22所示。

关于组织实施消防演习的通知

尊敬的各位业主、用户：

为提高公司应对突发事件的处置能力和处置水平，保护企业和业主、用户的生命财产安全，经研究决定，开展一次“楼层着火扑救及着火人员疏散”的消防模拟演习。希望公司各相关部门和相关楼层人员遵从指挥，严格按照方案要求实施消防演习。

××物业管理处

日期：____年____月____日

图3-22　消防演习通知

4. 消防演习内容的分工

消防演习内容的分工，如表3-4所示。

表3-4　消防演习分工表

序号	人员分工	工作内容
1	灭火总指挥	（1）向消防值班人员或其他相关人员了解火灾的基本情况 （2）命令消防值班人员启动相应的消防设备 （3）命令物业服务企业员工根据各自分工迅速各就各位 （4）掌握火场扑救情况，命令灭火队采取适当方式灭火 （5）命令抢救队采取相应措施 （6）掌握与消防相关的各系统的运行情况，命令各系统采取相应措施 （7）协助消防机关查明火因，并处理火灾后的有关事宜
2	灭火副总指挥	在灭火总指挥不在现场时履行总指挥的职责；配合灭火总指挥的灭火工作，根据总指挥的意见下达命令
3	现场抢救队和运输队	负责抢救伤员和物品，本着先救人、后救物的原则，运送伤员到附近的医院进行救治；运输火场急需的灭火用品
4	外围秩序组	负责维护好火灾现场外围秩序，指挥疏散业户，保证消防通道畅通，保护好贵重物品

续表

序号	人员分工	工作内容
5	综合协调组	负责等候引导消防车，保持火灾现场、外围与指挥中心的联络
6	现场灭火队	负责火灾现场灭火工作
7	现场设备组	负责火灾现场的灭火设备、工具的正常使用和准备
8	机电、供水、通信组	确保应急电源供应，切断非消防供电；启动消防泵，确保消防应急供水；确保消防电话和消防广播畅通；确保消防电梯正常运行，其他电梯返降一层停止使用；启动排烟送风系统，保持加压送风排烟

5.消防演习前的培训、宣传

对物业服务企业管理处全体员工进行消防演习方案培训，使各部门的员工了解自己的工作范围、运行程序和注意事项。在演习前采用挂图、录像、板报、条幅等形式对业户进行消防安全知识宣传。

6.消防设备、设施、器材等的准备

在消防演习前一周，消防设备、设施和消防器材进入准备状态。应检查消防播放设备、电梯设备、供水设备、机电设备的运行状况；准备各种灭火器和消防水龙带等工具；准备通信设备；选定“火场”，并准备制造火源用品及预防意外发生的设备和器材；准备抢救设备、工具和用品等，以确保所有消防设备、器材处于良好状态，准备齐全。

7.准备工作落实情况的检查

演习前3天，由灭火总指挥带领相关负责人对消防演习准备工作进行最后的综合检查，以确保演习顺利进行，避免发生混乱。检查内容包括人员配备、责任考核、消防设备和器材准备、运输工具以及疏散路径等。

8.消防演习的实施

（1）开启消防广播，通知业户消防演习开始，反复播放，引导业户疏散。

（2）灭火队各灭火小组开始行动，按分工计划展开灭火、疏散、抢救工作。

（3）电梯停到一层，消防梯启动，所有消防设备进入灭火状态。

（4）开始消防灭火模拟演习。物业服务企业进行疏散演练、灭火器实喷演练、抛接水龙带演练、救护演练、模拟报警演练等。可邀请业户观看或参加实际训练。

（5）演习结束，用消防广播通知业户消防演习结束，电梯恢复正常，并感谢业户、宾客的参与支持。

（6）消防演习总结。消防演习结束后，要求各灭火小组对演习工作进行总结，要走访业户或采取其他方式收集业户对消防演习的意见；找出存在的问题并进行讨论；改进演习方案和演习组织实施过程中的不合理之处。

经验之谈

消防演习的注意事项

在消防演习中，应注意以下事项：

（1）消防演习应选择在白天进行，安排在对业户生活和工作影响较小的时间段，以便更多的业户参加。

（2）消防演习的“火场”应选择在相对安全的位置，尽量减少对业户的影响，并保证业户安全。

（3）消防演习时，要避免长时间断电（停电），可以象征性地停电数秒钟。

（4）消防演习过程中，采取各种形式做好参加演习业户的记录工作，对不理解的业户做好解释工作，做好消防知识宣传、讲解工作，做好参与演习业户的安全保护工作。

第三节　物业保洁管理

保洁管理，是指物业服务企业通过宣传教育、监督治理和日常清洁工作，保护物业区域内环境，防止环境污染。物业服务企业定时、定点、定人进行生活垃圾的分类、收集、处理和清运，通过清扫、擦、拭、抹等专业性操作，维护辖区所有公共场所的卫生，从而塑造文明形象，提高环境效益。

一、保洁管理规划的制订

保洁工作是重复性的工作，需按部就班地按要求执行。因此，物业服务企业应做好保洁管理的规划，使员工有章可循，具体如图3-23所示。

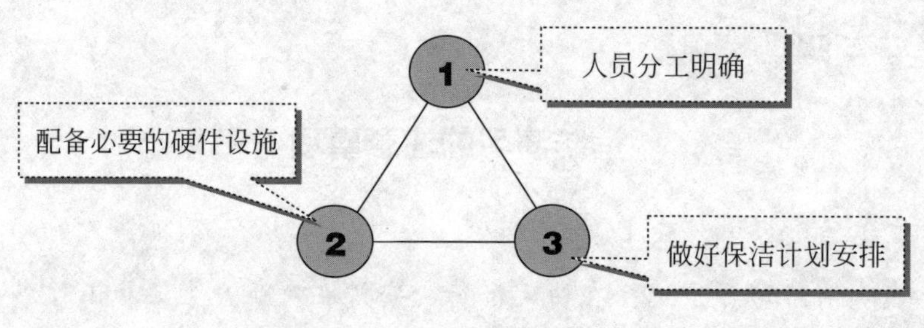

图3-23　制订保洁管理的规划

1.人员分工明确

物业保洁管理是一项细致、量大的工作，每天都有垃圾要清运、场地要清扫，工作范围涉及物业管理的每一个地方。因此，必须做到责任分明，物业范围的每一个地方均应有专人负责清扫，并明确清扫的具体内容、时间和质量要求。

2.配备必要的硬件设施

为了增加保洁工作的有效性，物业服务企业还应配备与之有关的必要硬件设施，如配备足够数量的垃圾桶，方便业主（用户）倾倒垃圾。

3.做好保洁计划安排

物业服务企业应制订出保洁工作每日、每周、每月、每季直至每年的计划安排。

下面提供一份××物业公司年度保洁工作计划的范本，仅供参考。

经典范本

××物业公司年度保洁工作计划

项目	月份												标准
	1	2	3	4	5	6	7	8	9	10	11	12	
电梯轿厢、门框及两侧红外幕帘	★	★	★	★	★	★	★	★	★	★	★	★	如遇上料等污染，应每发生1次及时清洁1次
电梯轿厢顶棚	◆	◆	◆	◆	◆	◆	◆	◆	◆	◆	◆	◆	无尘、干净无污秽
草坪灯、健身器材、路灯2米以下擦拭	★	★	★	★	★	★	★	★	★	★	★	★	无尘、干净无污秽
路灯2米以上	◆	◆	◆	◆	◆	◆	◆	◆	◆	◆	◆	◆	无尘、干净无污秽
雨水井清掏、鹅卵石清理		◆		◆		◆		◆		◆		◆	雨水井无堵塞，鹅卵石无严重污染或积尘
水幕墙	◆	◆	◆	◆	◆	◆	◆	◆	◆	◆	◆	◆	如遇重大节日，应在节前完成
水系、水池				◆					◆				根据水面污染情况，适时清洗，换水停止需经公司同意

续表

项目	月份												标准
	1	2	3	4	5	6	7	8	9	10	11	12	
阳光雨棚、单元雨棚、屋面、露台、泄水孔清理	◆		◆		◆		◆		◆		◆		如遇重大节日，应在节前完成
楼道、天花板、车库顶、管道、电梯顶棚板等除尘、清除蛛网		◆			◆			◆			◆		如遇重大节日，应在节前完成
单元门清洁	★	★	★	★	★	★	★	★	★	★	★	★	如遇上料等污染，应每发生1次及时清洁1次
楼道顶灯擦拭	◆			◆			◆			◆			如遇重大节日，应适当增加1次
楼道公共玻璃、纱窗、窗框清洁			◆			◆			◆			◆	如遇重大节日，应适当增加1次
落叶清理										☆	☆	☆	秋季工作重点
鞭炮清理	☆	☆			☆					☆			节日期间工作重点
说明	★：每天1次　◆：当月一次　☆：重点，根据情况随时保洁												

二、保洁质量标准的制定

标准是衡量事物的准则，也是评价保洁工作的标尺。要对保洁质量进行检查，则必须有标准可以参照。

物业服务企业在制定保洁质量标准时，可参照物业区域环境保洁的通用标准——“五无”，如图3-24所示。

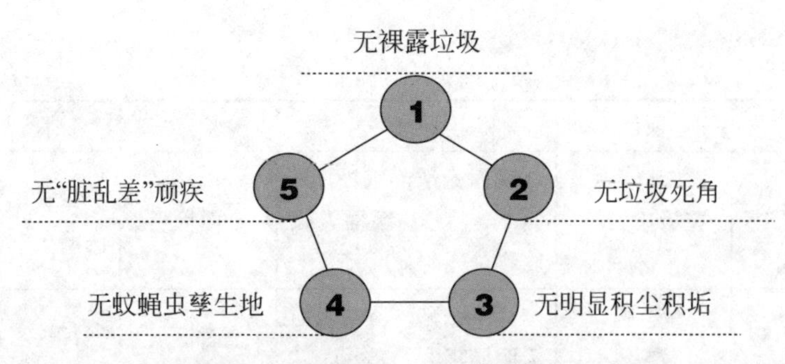

图3-24　保洁通用标准——“五无”

质量是保洁工作的生命，达到质量标准是保洁工作的目的。为使服务质量标准切实可行，标准的制定必须具体、可操作，最好将检验方法和清洁频率等都加以明确。质量标准应该公布出来，并注明保洁员工的姓名，让业主（用户）监督，以增强保洁员工的责任心。

下面提供一份××物业公司小区保洁质量标准的范本，仅供参考。

经典范本

××物业公司小区保洁质量标准

分类	序号	项目	标准	检验方法	清洁频率
室外组	1	路面、绿地、散水坡	无瓜果皮壳、纸屑等杂物，无积水，无污渍；每10平方米内的烟头及相应大小的杂物不超过一个	沿路线全面检查	每天彻底清扫两次；每半小时循环一次；每月用水冲刷一次
	2	果皮箱	内部垃圾及时清理，外表无污迹、黏附物	全面检查	每天倾倒两次；每天刷洗一次；每周用洗洁精刷一次
	3	垃圾屋	地面无散落垃圾，无污水、污渍，无明显污迹	全面检查	每天倾倒、冲刷两次；每周用清洁剂刷洗一次

续表

分类	序号	项目	标准	检验方法	清洁频率
室外组	4	垃圾中转站	地面无散落垃圾，无污水、污渍，墙面无黏附物，无明显污迹	全面检查	每天清理、刷洗两次
	5	标志牌、雕塑	无乱张贴，目视表面无明显灰尘，无污迹	全面检查	每天清抹一次
	6	沙井	底部无垃圾，无积水、积沙，盖板无污迹	抽查三个井	每天清理一次
	7	雨、污水管、井	井内壁无黏附物，井底无沉淀物，水流畅通，井盖上无污迹	抽查五个井	雨、污水井每年清理一次；污水管道每半年疏通一次
	8	化粪池	不外溢污水	全面检查	每半年吸粪一次
地下室	1	车库地面	无垃圾、杂物，无积水，无泥沙	抽查五处	每天清扫两次；每两小时循环一次；每月用水冲刷一次
	2	车库墙面	目视无污迹、无污渍、无明显灰尘	抽查五处	每月清扫、冲洗一次
	3	地下车库的标志牌、消火栓、公用门等设施	目视无污迹、无明显灰尘	抽查五处	每月用洗洁精清抹一次；灯具每两月擦一次
	4	车库和天台管线	目视无积尘、污迹	抽查五处	每两月用扫把清扫一次
室内组	1	雨篷	目视无垃圾、无青苔、无积水	全面检查	每周清理一次
	2	天台、转换层	目视无垃圾、无积水、无污迹，明沟畅通	抽查五处	每天清理一次

续表

分类	序号	项目	标准	检验方法	清洁频率
室内组	3	水磨石、水泥、大理石、地毯地面的清洁	无垃圾杂物、无泥沙、无污渍，大理石地面打蜡抛光后有光泽，地毯无明显灰尘、无污渍	抽查五处	每天清扫一次；大理石打蜡每两月一次，抛光每周一次；地毯吸尘每周一次；地毯清洗每季度一次
	4	大理石、瓷片、乳胶漆、喷涂墙面的清洁	大理石、瓷片、喷涂墙面用纸巾擦拭50厘米无明显灰尘，乳胶漆墙面无污迹，目视无明显灰尘	抽查七层，每层抽查三处	大理石打蜡每半年一次，抛光每月一次；乳胶漆墙面扫尘、喷涂，瓷片墙面擦洗每月一次
	5	天花板、天棚	距1米处目视无蜘蛛网、无明显灰尘	抽查七层，每层抽查三处	每月扫尘一次
	6	灯罩、烟感、吹风口、指示灯	目视无明显灰尘、无污渍	抽查七层，每层抽查三处	每月清抹一次
	7	玻璃门窗	无污迹，清刮后用纸巾擦拭无明显灰尘	抽查七层，每层抽查三处	玻璃门每周刮一次；玻璃窗每月刮一次
	8	公用卫生间	地面无积水、无污渍、无杂物；墙面瓷片、门、窗，用纸巾擦拭无明显灰尘；便器无污渍；天花板、灯具目视无明显灰尘；玻璃、镜面无灰尘、无污迹	全面检查	每天清理两次；每两小时保洁一次
	9	公用门窗、消火栓、标志牌、扶手、栏杆	目视无明显污迹，用纸巾擦拭无明显灰尘	抽查七层，每层抽查三处	每天清抹一次（住宅区），每周清抹一次

三、保洁质量的检查

检查是保洁质量控制的一种常用方法，也是很有效的方法，被多数物业服务企业所采用。

1.质量检查四级制

质量检查四级制，如图3-25所示。

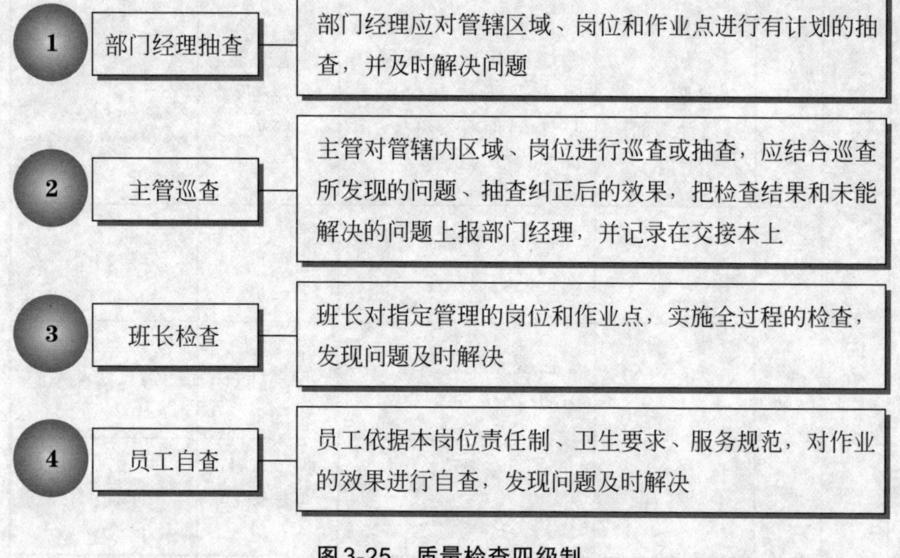

图3-25 质量检查四级制

2.质量检查的要求

质量检查的要求，如图3-26所示。

要求一　检查与教育、培训相结合

对检查过程中发现的问题，不仅要求员工及时纠正，还要帮助员工分析原因，对员工进行教育、培训，以防类似问题的再次发生

要求二 检查与奖励相结合

将检查的结果作为员工工作表现的考核依据，并根据有关奖惩和人事政策，对员工进行奖励或处罚

要求三 检查与测定、考核相结合

通过检查、测定不同岗位的工作量、物料损耗情况，考核员工在不同时间的作业情况，以便更合理地利用人力、物力，达到提高效率、控制成本的目的

要求四 检查与改进、提高相结合

对检查过程中发现的问题进行分析，找出原因，提出整改措施，从而改进服务标准，提高工作质量

图3-26 质量检查的要求

案例赏析

垃圾满地遭投诉

【案例背景】

某日上午9:10左右，一位业主很生气地打来电话投诉，说该户楼梯口处满地都是垃圾，要求管理处立即派清洁人员处理。服务中心接到投诉后，立即通知保洁部主管前往处理，保洁主管指示清完垃圾后，进行了调查，原来是装修单位在搬运装修物品时未做清洁，他们以为装修垃圾由管理处负责清理。保洁主管向该业主当面赔礼道歉，就此事作出解释，并承诺以后不会再出现此类事件。

【案例分析】

该案例暴露出装修垃圾管理方面的漏洞。管理处应加强安全防范意

识的宣传，告知广大用户不可占用公共走道。同时要加强对装修户的管理，保安人员也要加强巡查，发现有不规范的行为要及时纠正。

第四节 物业绿化管理

物业绿化管理，主要是指在物业管理区域内进行的各种环境绿化活动，是物业服务企业日常管理工作的重要内容。

一、绿化管理的内容

物业日常绿化管理的主要内容如下：

1. 一般住宅小区的绿化管理重点

一般住宅小区的绿化管理重点，如图3-27所示。

重点一	加强对植物病虫害、水肥的管理，保证病虫害不泛滥成灾，植物能正常生长
重点二	及时清除园林植物的枯枝败叶，并每年对大乔木进行清理修剪，清除枯枝。在大风来临前还应派人巡视辖区内的园林树木，检查是否有潜在危害的枯枝
重点三	及时对影响业主（用户）生活的绿化景点进行改造，减少人为践踏对绿化造成的危害
重点四	创建社区环境文化，加强绿化保护宣传，使业主（用户）形成爱护绿化的良好习惯

图3-27 一般住宅小区的绿化管理重点

2. 高端住宅小区的绿化管理重点

高端住宅小区的绿化管理重点，如图3-28所示。

重点一 加强园林植物日常淋水、施肥与修剪等工作，保持植物健康良好的生长

重点二 每天及时清除小区内的枯枝败叶

重点三 对生长不良的绿化景点或损坏的园林小区应及时进行更换或改造，始终保持园林景观的完美

重点四 经常举办一些插花艺术、盆景养护、花卉栽培等方面的绿化知识讲座、技术咨询、比赛等活动。也可通过花店等为业主（用户）提供鲜花、观赏植物、观赏鱼、插花服务以及花木代管、私家园林代管等有偿服务

图3-28 高端住宅小区的绿化管理重点

二、绿化管理的方法

物业服务企业要做好绿化管理工作，可以从以下几个方面入手。

1. 建立完善的管理机制

为了做好物业绿化管理，必须要有一个完善的管理机制，包括完善的员工培训机制，如员工入职培训、技能培训、管理意识培训；完善的工作制度、奖惩制度及标准等。

另外，物业绿化并非单纯是物业服务企业的事，业主（用户）的维护与保养也很重要。所以，物业服务企业最好在业主（用户）入住之初，与之签订“小区环保公约”，以此对其进行约束。

2. 建立完善的质量管理系统

为了保证管理质量，应建立完善科学的质量管理系统，包括操作过程的质量控制方法、检查及监控机制、工作记录等。

经验之谈

绿化质量管理可体系化

绿化管理可在园林绿化管理的基础上导入ISO 9000体系，来建立完善的日检、周检、月检、季检及年检制度，并对检查结果记录存档，以便对管理中出现的问题进行系统分析及采取有效的整改措施。可将检查结果与员工或分包商的绩效考评挂钩，从而实现对员工及分包商的有效控制，保证物业绿化管理的质量。

3. 制定科学合理的操作规程

操作规程是操作者在做某一件事时必须遵循的操作方法与步骤。由于绿化管理受环境及天气影响较大，在不同的天气条件下做同一件事的方法步骤会有所不同。所以，物业服务企业在组织人员制定操作规程时必须充分考虑各种因素，把各项操作步骤充分量化、标准化，使员工易于理解及接受。

案例赏析

淋水不当遭业主投诉

【案例背景】

某日上午，小区物业服务中心接到一位业主的投诉电话，说绿化工在浇水时，把水淋到业主晾晒在花园中的衣服上。

管理处服务中心及时通知园林绿化负责人王主管，王主管立即赶到现场，经过与业主及绿化工沟通了解情况后，向业主赔礼道歉，并当场给予该员工批评教育。该业主认可王主管的处理过程，认为该员工认错态度良好，也就不再追究此事。

【案例分析】

通过这一事件，我们了解到，在绿化工作中，一定要细致、认真、负责，同时要时刻提高观察能力，随时随地注意周边环境，避免绿化作业影响到行人（业主），出现问题时，要及时、主动地与业主进行沟通，以避免事态往恶劣方向发展。

三、绿化宣传

物业小区绿化工作的好坏，不仅仅是绿化部门的职责，同时也是每一位业主（用户）的职责。因而，物业服务企业应努力在业主（用户）中树立起环境意识、绿化意识，具体措施有：

（1）制定规章并作宣传。

（2）完善绿化保护系统，在人为破坏较多的地方增加绿化保护宣传牌。

（3）加强绿化知识宣传，可在每期报刊栏内进行绿化知识的宣传，也可将主要苗木挂上讲解牌，注明树名、学名、科属、习性等。

（4）组织绿化专业人员，为业主（用户）举行插花艺术、盆景养护、花卉栽培等绿化知识的培训活动。

（5）举行小区内植物认养活动，将小区内的主要植物交由业主（用户）认养，以加强业主（用户）对植物的认同感。

（6）由管理处出面，在小区内举办绿化知识竞赛或诸如美化阳台的比赛活动。

（7）在植树节或国际环保日，举办植树活动或绿化知识咨询活动等。

小提示

物业服务企业应当主动向业主（用户）宣传绿化方面的知识，提高他们的绿化意识，促进双方共同维护小区的绿化成果。

案例赏析

闹杂人员逗留，损毁花园绿地

【案例背景】

××花园前原来有一片敞开式绿地，绿地上亭栅多姿，曲径通幽，池水泛光，花木含情。春、夏、秋的傍晚时分，众多住户都喜欢在这里驻足小憩。然而，其中也有一些不太自觉的人，随意在草地上穿行、坐卧、嬉戏，导致绿地局部草皮倒伏、植被破坏、黄土裸露，不得不反复种植，管理处想了很多办法，都未奏效。后来，管理处拓宽思路，采取了教、管、疏相结合的办法：

教——即加大宣传力度。首先将警示牌由通道旁移到人们时常穿越、逗留的绿地中，同时将警示语由“铁面”的“请勿践踏草地、违者罚款”更改为“请高抬贵脚，听，小草在哭泣！”“人类有了绿树、鲜花和小草，生活才会更美丽”“我是一朵花，请爱我，别采我”“小草正睡觉，勿入草坪来打扰”，让人举目可及，怦然心动。

管——即配足保安人员，实行全员治理。针对午后至零时人们出入较多的特点，中班保安指定一人重点负责绿地的巡逻，同时规定管理处其他员工若发现有人践踏绿地，都要主动上前劝阻（办事有分工，管事不分家），把绿地治理摆上重要“版面”，不留真空。

疏——即营造客观情境，疏通游人流向。在只有翻越亭台才能避开绿地通行的地段，增铺平顺的人行通道，同时把绿地喷灌时间由早晨改为傍晚，使人们尽享天然，而又无法作出坐卧、嬉戏等煞风景之举。

经过一段时间之后，××花园的绿地中依然游人如织，但破坏绿地的现象变少了。

【案例分析】

克服人们的陋习，不做宣传教育工作是不行的，但光靠宣传教育也是难以奏效的。既要讲道理，又要有强有力的措施，情理并用，管理处的工作便会水到渠成。

学习回顾

1.如何做好设备的运行管理？

2.如何做好房屋的零星养护？

3.物业安全管理的原则是什么？

4.如何做好高空坠物管理？

5.如何做好消防安全检查？

6.如何制定保洁质量标准？

7.物业绿化管理的方法是什么？

8.如何做好绿化宣传？

学习笔记

第四章 Chapter four

物业运营管理

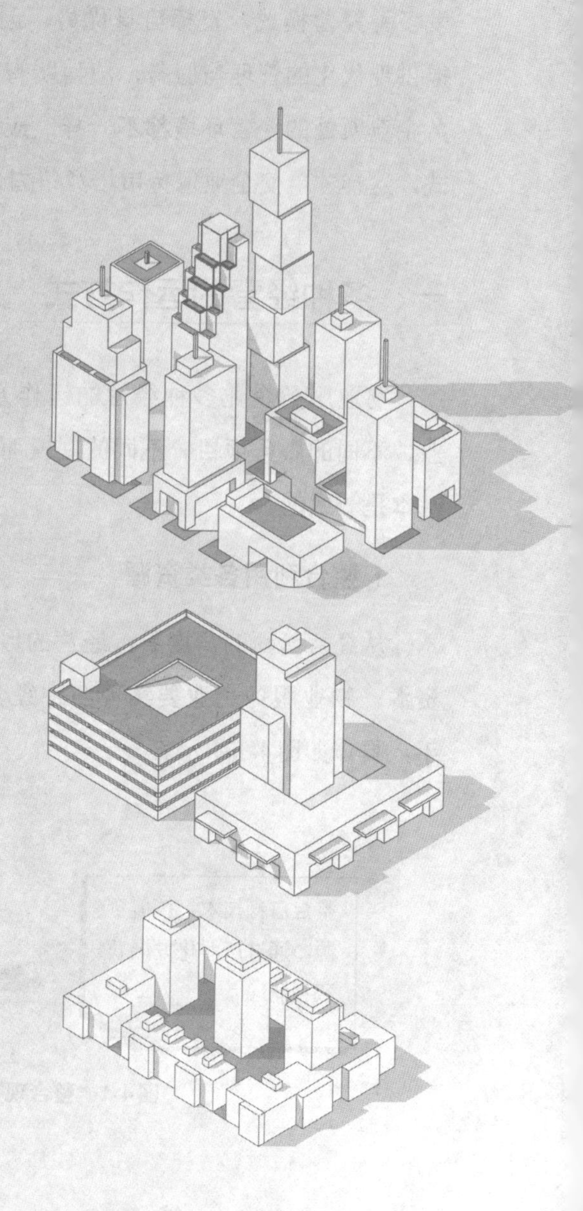

本章学习目标

1. 了解多种经营的常识。
2. 了解品牌建设的常识。
3. 了解节能降耗的常识。
4. 了解风险防范的常识。

第一节　多种经营管理

随着社会的进步，经济的增长，物业服务企业所处的环境发生了巨大的变化，传统的管理服务已经不能使物业服务企业长久地保持竞争力。积极开发多种经营模式，发挥自身优势，创造更多盈利点，更好地为业主（用户）提供现代化的管理与服务，成为所有物业服务企业的共识。但是每个物业服务企业所处的经营环境都不一样，应当结合自身情况开发适合自己的经营模式，这样才能使企业保持市场竞争力。

一、多种经营的运作方式

物业服务企业多种经营的运作方式其实有很多，可能会根据不同的企业、不同的服务项目、不同的规模而有所差别。但总体来说，其发展的方向基本是一致的。

1.整合利用各类资源

从经营管理的角度看，经营的目的是盈利，盈利的手段是整合利用各类资源。物业服务企业要实现多种经营方式，可以从自身现有的两种资源着手，具体如图4-1所示。

图4-1　整合现有资源实现多种经营

（1）整合自身技术、技能资源，通过产业化发展获取利润。为了避免物业服务企业利润的外溢和流失，有实力、有条件的物业服务企业可以成立电梯维保、清洁服务、绿化服务、机电管理等专业服务机构。这些专业服务机构，一方面，承包自己公司的服务外包业务，另一方面，合法参与专业市场竞争，外拓专业服务市场，为企业获得更多利润。不少早期大型物业服务企业都采取了这种盈利模式。

同样，物业服务企业可以利用自身的资源优势，向房地产产业链条的上游和下游延伸业务，从而达到整合经营、获取利润的目的。

比如，许多物业服务企业在地产策划代理、物业租赁销售，甚至土地测量、地价评估、地产开发、园林施工、建筑监理等产业链条环节都有所作为。

（2）利用所服务的楼宇及业主（用户）资源，获取附加利润。物业服务企业服务的物业项目具有独特的社区经营资源，其可以利用这些资源，开展多种社区经营活动，为企业获取附加利润。

比如，很多物业服务企业成立了家电维修、家政服务、垃圾回收等社会服务机构，以管理处为中心，在社区平台上，从这些服务机构的整合和经营中获取利润。

又如，某物业服务企业，利用自己平时工作中所掌握的业主（用户）资料，开展了婚介和旅游业务。他们联合旅行社精心设计旅游行程，邀请部分业主（用户）参加，在这个过程中既促成了一些有缘之人，也服务了业主（用户）、获取了利润。

2.采取不同的经营方式

对不同业态形式的物业来讲，业主（用户）的需求以及所拥有的资源也不尽相同，所以，对于不同种类的物业，物业服务企业可以选择不同的方式进行经营，具体如图4-2所示。

方式一：对酒店和写字楼，除了开展优质的物业服务，还可从事与物业管理本身没有直接关联的其他经营业务，如餐饮经营、超市经营、置业投资等

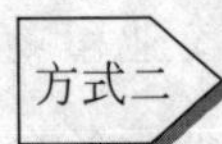

方式二：物业本身也需要一些诸如电话、视频会议、商务活动策划等专业化的商务服务，这无疑也是物业服务企业可以开拓的利润点。这也符合物业服务企业的产业化发展趋势，同时还可以促进物业服务企业与国际接轨的进程

方式三：在进行商业物业的管理和服务中，物业服务企业还可以为饮食区、娱乐区、超级市场、商店等配套设施提供一些委托、代办服务，以获取利润

图4-2 可采取的经营方式

小提示

产业化的经营，对物业服务企业提出了更高的要求，其只有提高自身的专业科技水平，改善服务态度，才能获利，同时也能得到业主（用户）的肯定，实现名利双收。

3.形成有特色的经营体系

开发多种经营一定要结合自身的实际情况，着眼于所管理小区的业主（用户）构成、所处的商业环境等因素，制定符合自身条件的方案，并积极落实每一个细节，形成具有自身特色的多种经营体系。

（1）饮食方面。

现如今，有很多上班族由于白天忙于工作，晚上回到家没有更多精力去做饭，对此，物业服务企业可以推出食堂性质的餐厅，以满足没时间或不会做饭人群的需求。餐厅可以推出一些特色饮食，以保证餐厅的新鲜感。还可以推出送餐上门等服务，以满足不同业主（用户）的需求。

另外，物业还可开办小超市、小菜市场等以满足业主（用户）生活所需。

（2）日常休闲方面。

物业服务企业可以开办健身房、活动室等，以满足小区内不同年龄段业主（用户）对于锻炼身体的需求。而且健身房、活动室中还可以请专门的教练进行有偿服务，以增加物业服务企业的收入。

（3）日常生活服务方面。

物业服务企业可以开展美容美发、洗车、房屋代管、快递代收、服装店、干洗店等有偿服务。其中快递代收等服务可以少收甚至不收服务费，让业主（用户）感受到物业的温暖；美容美发等服务可以进行具有小区特色的经营，例如，对老年人进行特约上门服务；干洗店等服务可以设立在公共区域内，以方便于业主（用户）。

（4）家政服务方面。

家政服务可以包括代请保姆、上门打扫卫生、看护小孩或病人等。在代请保姆和上门清扫服务方面，物业服务企业可以与劳务公司合作，由劳务公司向物业服务企业推荐优秀的劳务人员，再由物业服务企业把劳务人员介绍给业主（用户）。由于有长久的合作关系，业主（用户）可以放心地雇佣劳务人员，同时，物业服务企业也可以适当地收取一定的费用。

小提示

在看护小孩、病人等服务中，相关物业人员一定要做到细心和耐心，要服务到位，并且不能忽略任何一个可能发生意外的细节。

（5）教育方面。

在教育方面，物业服务企业可以开办幼儿园、课后辅导班等机构，并且尽力提升这些机构的教学质量和安全程度，使业主（用户）可以放心地把孩子放在这里。

（6）房产方面。

物业服务企业可以充当中介机构，开展代理买卖房产、租赁房产等服务。在代理买卖房产、租赁房产的过程中，一定要注意操作流程的合法性，最好聘请专业人员来进行此类服务活动。物业服务企业还可以利用物业施工队的空余时间承接一些简单的房屋改造工作，但前提是不能影响正常的工作。

小提示

在项目的选择和组合上，物业服务企业应考虑所管理物业的特点和需求，并且要遵循“方便住户、用户满意、优质高效、企业盈利”的原则。

二、多种经营的切入点

物业服务企业应在日常的管理和服务工作中将物业经营创收目标落到实处，以努力获取社会效益、经济效益最大化，可从图4-3所示的四个切入点入手。

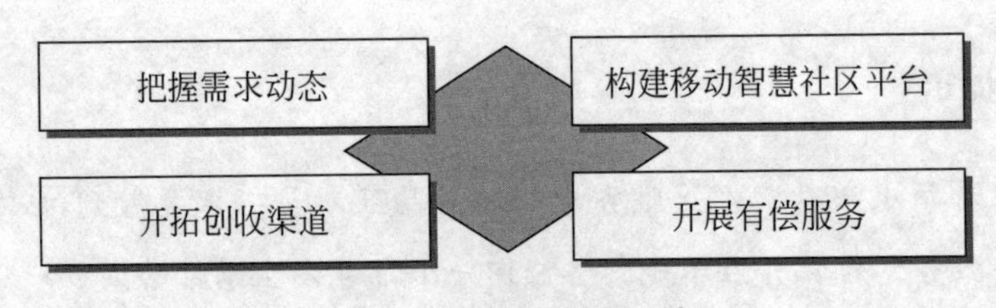

图4-3 多种经营的切入点

1.把握需求动态

随着人们生活水平的提高、收入的增多及房改政策的实施，多次置业的人数不断增加，人们不再满足于一生只买一套房，购买房产的目的也不仅限于解决居所问题。现在，在投资理财的选择上，人们更将房产当作一条理财渠道，因而，房产（物业）保值、增值、租赁和流通等收益问题就成了人们关注的重点。业主对房屋租赁、转让及价格等信息的需求，更加突出了物业管理的重要性。

现在人们大都追求高品位的生活质量，需要多层次的相关服务，对特约服务的需求也呈迅速上升的趋势，这也为物业服务企业的经营创收提供了更广阔的空间。

比如，传统的家政、社区服务，贴心服务、护理服务等，而会所经营管理、智能化信息服务等新兴内容也成了物业经营创收的新渠道。

2. 开拓创收渠道

要想经营创收，就必须从多方开拓渠道，物业服务企业可从图4-4所示的几个方面入手。

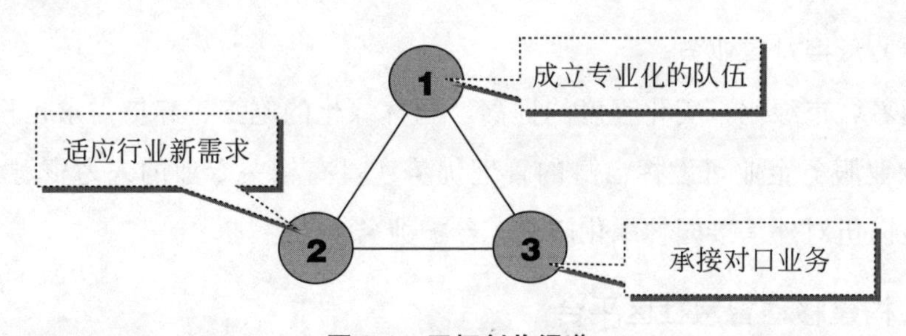

图4-4　开拓创收渠道

（1）成立专业化的队伍。

物业管理的发展趋势要求专业化分工越来越细，有的物业服务企业为了降低成本，提高效率和竞争力，将一些专业工作进行外包。

比如，清洁卫生、盆栽植物的养护和更换、玻璃幕墙的清洗、电梯维保、各类设备的专业维护等。物业服务企业可以根据自身的管理特点和资源优势，成立专业化的队伍，承接其他物业管理或其他行业（如酒店业、医院、学校、政府机关及餐饮业等）的相关业务，以实现可观的经营创收。

（2）适应行业新需求。

物业管理行业的发展，对相关产业也提出了新需求。这种需求分别表现在硬件和软件两个方面，具体如图4-5所示。

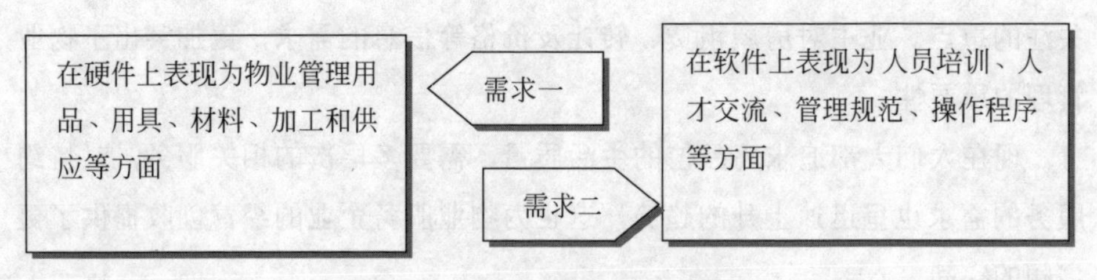

图4-5　物业行业发展的新需求

小提示

物业服务企业开拓这类经营渠道，既能满足行业内的需求，也能在物业经营创收的过程中拓展出新的经济收入增长点。

（3）承接对口业务。

随着城市绿化、美化程度的提高，园林绿化的施工、养护需求也日益增多，物业服务企业可发挥自身的管理优势（具有相关专业的人力资源），组织专业队伍对外承接园林绿化施工、养护业务。

3. 构建移动智慧社区平台

在传统物业里，物业管理费用的收入几乎会占到总收入的100%，但是，在接入了互联网服务平台后，物业收入将主要依靠社区增值服务，包括社区生活服务、商品采购、广告投放、社区商业链构建等。将收入从一元变为多元，其利润也会大大地增加。

4. 开展有偿服务

有偿服务是物业创收经营的一个重要组成部分，也是对物业管理主要经营的重要辅助。因为，物业服务企业具有得天独厚的环境优势，又存在巨大的市场需求，如果经营管理得当，社会效益与经济效益将十分可观。

（1）针对业主（用户）而提供的有偿服务，如家政服务、托儿服务、护理服务、相关特殊服务等。

（2）针对相关需求提供的专业化服务，如专业清洁服务和机电设备维保服务。

（3）房屋中介代理以及供求信息发布等服务。如代理业主所开展的房屋出租经营活动。

（4）为需要物业管理的企事业或房地产业提供专业咨询、策划和顾问服务。

（5）为同行业提供员工培训、操作规范拟定等方面的有偿服务。

（6）对公共场地或场所开展经营活动。

（7）开办幼儿园、快餐店等活动。

（8）代业主（用户）养护家用观赏植物或盆景等园林绿化服务。

物业服务企业开展经营创收的成效，将密切关系到大多数物业服务企业与开发企业“断奶”后的生存与发展，同时也将推动一大批物业服务企业走向“断奶”之路，促使物业管理行业积极跻身于市场经济的拼搏中。

三、多种经营的业务类型

基于物业管理行业本身的经营优势和特点，物业服务企业并不适宜开辟新的行业发展空间，务必要依靠现在的资源优势，从所服务业主（用户）群体的需求出发，从他们身上挖掘出适合物业服务企业的利润增长点，具体可经营的业务类型如图4-6所示。

1.开拓一条龙服务

说到物业服务中的增值服务，好多物业管理人想到的往往是代订牛奶、代送报纸、代洗衣物等内容，其实这已经是多年前的传统服务项目了，已经失去了利润增长的空间。物业服务企业要想得到更高的回报，就必须改变思维方式，突破原有的条条框框，从服务的可操作性、系列化、便民化方面着手。只有省了业主（用户）的心、省了业主（用户）的时间、省了业主（用户）的麻烦，他们才会将业务放心地送到物业手上。

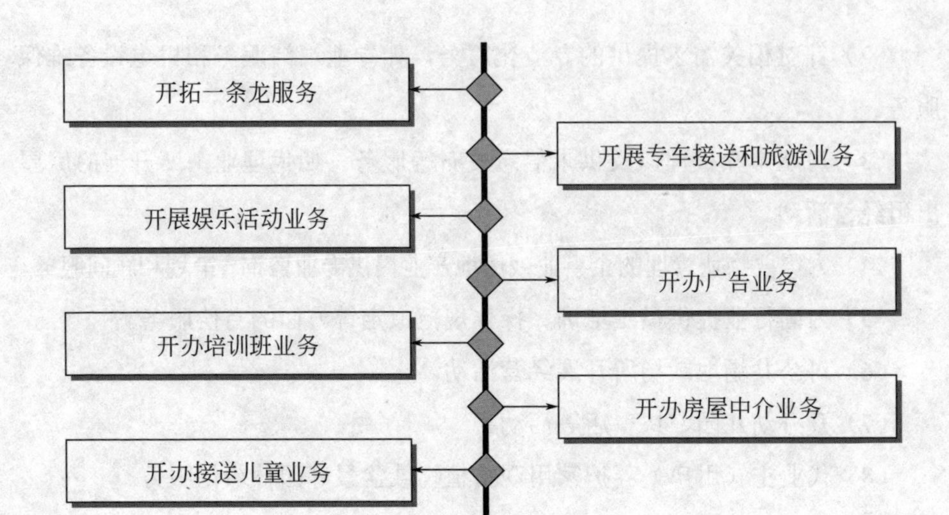

图4-6　多种经营的业务类型

比如，婚礼酒席难订、小区路难通、家中卫生和氛围不会布置、办事场地不够、噪声扰民等。这些对于物业来说却是优势所在，物业一方面可以利用业主购房签约、办理入住、进行装修等环节，提前掌握业主的婚礼信息；另一方面，可以从新婚房屋的装修、卫生打扫到酒席、拱门、婚车接送、交通疏导指挥、亲友接送、住宿安排做到一一俱全、面面俱到。

这类业务正常开展起来，远远比订牛奶、送报纸的利润空间要大得多，而且更容易获得业主（用户）的信任和支持，对于物业费收取也会起到更大的促进作用。

2.开展专车接送和旅游业务

除了上述业务外，物业服务企业还可以从业主（用户）的交通、旅游、休闲等需求着手，开展相应的业务。

比如，有些小区离市区较远，业主（用户）既要接送孩子上下学又要自己上下班，难免会出现无法顾及的情况，这类问题可以通过小区的定时接送大巴业务来解决。

经验之谈

旅游休闲服务前景可观

随着生活水平的提高，业主（用户）对于旅游、休闲的需求也相对旺盛，在小区内开展这类业务一定也会有可观的前景。物业服务企业组织一些有娱乐性、有意义的活动来放松业主（用户）的心情，无疑会拉近物业与业主（用户）的距离，而且也会增进同一小区业主（用户）之间的友谊。

3. 开展娱乐活动业务

如今，许多业主（用户）因提前退休或其他原因常年在家休息，经常会去茶馆、棋馆、牌馆与朋友聊天、对弈、打牌，以消磨时光。如果小区没有这些娱乐场所，业主（用户）只好到公园等地去消闲，既不方便又耽搁时间。

比如，物业服务企业可利用小区空地、空房开展茶馆、棋馆、牌馆等业务，为业主（用户）尽可能地提供娱乐方便，这样物业服务企业也能增加收益。

4. 开办广告业务

许多商家在做广告宣传时，除了选择报刊和电视、电台等新闻媒体外，也将物业小区的电梯、房顶等公共场所列为他们的目标。物业服务企业经过业主委员会的同意，将电梯、房顶和小区显眼处用作商家张贴、悬挂广告宣传画和招牌的场所，并与业主委员会合理分配所得，每月也将会有一笔不菲的收入。

5. 开办培训班业务

物业服务企业可利用暑假和寒假期间，聘请社会上有一定影响和水平的老师，在小区里开办书画、作文、英语、数理化、舞蹈培训班，为业主（用户）提供一个方便、优质的学习环境，让儿童“足不出区”就能够参加培训、学习。

比如，利用小区的游泳池，聘请专业人士做教练，在暑假里举办游泳培训班，既方便业主（用户）健身，又能增加公司收入。

6.开办房屋中介业务

房屋出租，可以说是各小区常有的事。假如物业服务企业能够为业主提供房屋出租中介服务，为业主和租客搭建一座桥梁，既方便了业主，又方便了租客，一定会得到很好的结果。

7.开办接送儿童业务

现在许多业主（用户）工作都很忙，往往为小孩上学放学没人接送而苦恼，请专职保姆费用太高，一般家庭难以承受；不请保姆，孩子无人接送又不安全。假如物业服务企业能够利用优势，开办代理接送孩子的业务，想必会有很好的效果。

四、多种经营的收益分配

物业服务企业开展多种经营，其中有许多项目会涉及业主（用户）的物业空间，这就产生了物业服务企业与业主（用户）或者业委会的分成问题。

1.涉及业主利益的情况

如果物业服务企业利用小区物业开展各项娱乐活动；利用电梯、房顶等投放广告；开办各类培训班等业务，自然就会牵连到业主的利益，因为开展业务的场地是业主的，物业服务企业只提供了服务和管理。所以开展这些业务的收入，应该与业主进行分成，至于比例是多少，应由物业服务企业与业委会商量而定。

2.不涉及业主利益的情况

如果物业服务企业开办房屋中介、委托代理、接送小区儿童上学和放学等业务，不涉及业主的利益，不占用业主的场地，其收益就无须与业主挂钩。尽管如此，物业服务企业还是应从该收入中，适当拨款给业委会开展活动，这样才有利于物业服务企业与业委会的和谐相处。

案例赏析

小区电梯广告收入归谁

【案例背景】

上海某小区的陈先生投诉称，在他们小区的电梯间里，经常会有一些广告。小区每个电梯都有3个广告位，每月都会有固定的广告收入，但是别人在电梯里打广告，这些钱业主却收不到。陈先生认为，房子已经由开发商卖给了业主，公共部分也进行了分摊，因此，在电梯里面做广告，收入就应该是业主的，为何不用这些收入来补贴管理费或者维修电梯呢?

而该小区管理处经理则说，小区电梯广告确实是管理处在经营，但收入是全体业主的。因为业主委员会没有账户，收入目前在物业公司的账上，账目由业主委员会进行监管。这笔钱怎么用，是否补贴管理费用，需与业主委员会讨论。即使补贴管理费，也不能说管理费就能下调，目前小区物业管理处于亏损状态，账目也给业主委员会看过。管理处并没有从电梯广告收入中收取任何管理费。

小区业主委员会主任也表示，小区在和物业公司签订管理合同时，就已明确电梯广告收入归全体业主和业主委员会。小区共有30部电梯，每部电梯广告收入每年2000元。但这笔收入目前还在管理处，并没有转到业主委员会。小区业主委员会已申请账户，正与管理处交涉，拟将这笔收入转过来。

【案例分析】

《民法典》第二百七十一条规定，业主对建筑物内的住宅、经营性用房等专有部分享有所有权，对专有部分以外的共有部分享有共有和共同管理的权利。电梯间、小区楼房外墙等部位都属于建筑物共有部分，归小区业主共有。依据《民法典》的规定，小区内公共设施所有权应属业主共有，由此产生的收益也应归属业主，物业公司只是代替管理而已。小区业主委员会应该介入，以保护业主的权益。电梯间要经营广告，须经业主委员会同意，其收入也应归全体业主所有。

本案例中，由于业主委员会没有自己的账户，所以电梯间广告收入还在物业公司手里，一般用来补充物业管理费的不足、业主的其他各项开支，或划归房屋的本体维修基金和房屋公用设施专用基金里。不过，由于物业公司在经营电梯广告上投入了劳动，也可以收取一定的管理费用。

第二节　品牌建设管理

品牌是一个企业或产品区别于其他企业或产品的符号。在物业管理行业中，物业服务企业的品牌以服务作为载体，目的是使客户首先想到该品牌企业所提供服务的内容、品质、特色、诚信、规范和价格等，让物业所有人和使用人相信，该品牌企业所提供的服务是独一无二的，购买该品牌企业的物业管理服务，可保证他们的利益最大化。

一、品牌创建的基础

高品质的品牌形象，是企业进入高端市场的必要条件，也是一个品牌得到消费者广泛认可进而成为著名品牌的必要条件。物业服务企业要想提高品牌形象，必须实施品牌创建策略。对于物业服务企业来说，品牌创建的基础要点如图4-7所示。

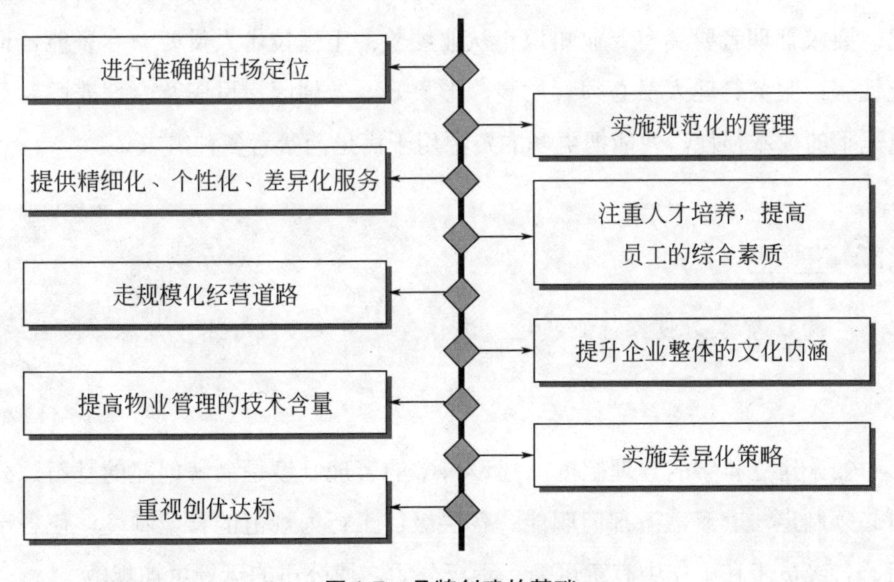

图4-7 品牌创建的基础

1.进行准确的市场定位

“品牌”是有独特形象的，是有个性的，是特别适合某一部分的，是具有特定利益保障的。只有那些致力于适应某类细分市场需求的企业才最具有生命力。因此，物业服务企业要创立品牌，首先就要确立目标市场，并对市场进行准确的定位。

比如，德润万豪物业现有北京万豪国际公寓和汤泉逸墅两个管理项目，根据每个项目的服务功能、主体建筑、附属设备、配套设施以及道路、交通等情况，公司将万豪国际公寓定位为高级公寓管理，引进了酒店管理模式；

将汤泉逸墅定位为高档住宅小区，制定了高标准、高品位的服务标准。准确的市场定位，为企业打造品牌提供了必备的前提。

2.实施规范化的管理

（1）科学设置组织结构，组建高素质员工队伍。组织机构的科学设置及人员的合理配置，有利于提高企业的管理能力和工作效率，有利于企业持续不断地为顾客提供高效优质的服务。企业在组织架构上要追求管理机构小型化，要求管理者要具有专业知识和从业经验；工程技术人员要一专多能，适应性强；服务管理人员必须素质高、形象好。做到因岗设职及合理兼职，避免无谓的成本损耗，才能把更多的资源用于满足消费者多种需求。

小提示

员工管理是服务行业的核心工作，提高管理服务水平的根本途径是对员工进行管理。

（2）建立科学的管理制度。建设科学的管理制度是品牌创建的基石。公司必须制定一套涵盖各部门职能、各层级员工行为规范的管理制度，使各部门、各级员工在工作中有章可循、责权分明，使公司的运行更加规范。

（3）加强现场管理。加强现场管理是提升物业管理服务价值的有效途径。

比如，百联物业专门组建了业余督导队伍。督导员来自各物业管理处，利用工作之余（包括夜间），对公司下属的物业管理处实施定点和不定点的督导，以发掘各物业管理点在管理上好的做法和经验，加以交流和推广。对于发现的不足和问题，则加以纠正和整改。

（4）建立国际标准管理体系。国际标准管理体系是国际标准化组织在总结世界各地质量管理和成功经验的基础上制定出来的一套科学、系统的管理标准，包括ISO 9000族、ISO 14000族等。在当前物业管理中推行国际标准认证，有利于管理的规范化，也有利于与国际接轨。

3.提供精细化、个性化、差异化服务

（1）精细化服务。

精细化服务就是落实管理责任，将物业管理服务责任具体化、明确化，它要求服务的每一个步骤都要精心，每一个环节都要精细。其目的是用细节提升质量，进而创新企业品牌。

（2）个性化服务。

个性化服务是指物业服务企业针对每个业主（用户）的不同需求及潜在需求，提供给业主（用户）的有别于其他服务标准的、超出业主（用户）想象的、具有附加价值的服务。个性化服务的竞争者无法模仿，顾客无法比对，所以能全面提升物业服务的品牌档次。

（3）差异化服务。

差异化服务是物业服务企业参与物业管理市场竞争，立足于服务之本的质量竞争策略。为业主（用户）提供维修、保安、保洁、绿化等有形服务，是物业管理的基本职责，但这只是满足了业主（用户）的一般需求。物业服务企业可以利用公司的整体优势在服务时间、服务方式、服务方法、服务形象等方面进行改良，创造一些具有个性色彩的服务。

比如，积极开展收洗、缝制衣服，代购车船机票，接送小孩上学等特色服务，代办各种保险、中介、商业服务项目，以丰富多彩的服务特色让业主（用户）满意、放心，满足各类业主（用户）对物业管理服务的各种需求，从而扩大市场占有份额。

小提示

在服务品位、服务质量上优于行业标准，优于地方标准，优于其他企业，做到这种差异，企业品牌的质量竞争就一定能获得成功。

4.注重人才培养，提高员工的综合素质

物业服务企业一方面要进行企业内部专业知识培训，提高员工的业务素质和技能。另一方面要邀请业界的专家、学者、行业领导前来授课，提升员工的理论水平，拓宽员工的视野，提高员工的综合素养。

5.走规模化经营道路

高市场占有率是品牌企业的一个基本特征，而且，规模化经营有利于采用新技术、新设备降低经营成本，增加服务收入和利润。现在管理规模达1200万平方米的企业已经有好多家了，这类企业的发展不仅为他们品牌营运的成功奠定了基础，也为各地物业服务企业的品牌营运和市场发展起到了示范作用。

6.提升企业整体的文化内涵

提升企业整体的文化内涵，要以人为本，关注员工的生活、工作、职业发展等，使员工感受到在本企业能够获得平等的尊重、能够从事有挑战性的工作并从中获得成就感、能够得到无微不至的关怀、能够得到许多意想不到的福利以及丰厚的报酬。企业只有对员工具有高度责任心，才能收获员工对企业的热爱和忠诚。物业服务企业身处社区中，其管理经营理念与社区文明程度是相互影响的，物业服务企业应该把企业文化的思想内核有机地融入到社区文化的建设中来，实现两者的完美统一，使企业文化与社区文化相得益彰，进一步突出企业的品牌形象。

7.提高物业管理的技术含量

科技创新在物业管理中的作用越来越大。企业进行品牌创新必须把科技创新转化为产品开发，并注入到物业管理服务中去，实现简单维护型、劳动密集型，向技术维护型、知识密集型的转变，不断提高现有管理项目的科技

含量。一个技术含量高的楼盘，在为业主（用户）创造精品硬件的同时，也能推动物业服务企业在管理过程中塑造品牌形象。

经验之谈

引入科学技术，提高服务水平

加快科学技术的引入，可提高服务的现代化水平。如，日常收费管理使用专业的物业管理软件，实施全方位的电子安防监控、门禁系统、可视对讲系统，使业主（用户）的生活更加方便、快捷、舒适、安全。科学技术在小区物业管理中的运用，势必将提高物业管理服务水平，提高业主（用户）生活的品质。

8. 实施差异化策略

差异化策略是指在物业管理品牌的建设过程中，物业服务企业应根据企业自身的实际情况，不简单模仿和盲从，切实走出一条自我创新发展的品牌建设之路。我国在物业管理品牌建设中走差异化道路的实例有很多。

比如：万科模式——从早期的“业主自治”到现阶段的“无人化管理”；中海模式——网络化运营，信息化管理。

这些物业管理品牌建设中的差异化策略都鲜明地凸显了各自品牌的个性特色。

9. 重视创优达标

崇尚诚信，重视权威机构的认证，是促使消费者信任品牌的重要手段之一。有关认证是品牌质量的证明、信誉的符号。国家优秀示范小区（大厦）是我国政府最高行业主管部门评定的最具权威的荣誉，能在开发商、业主和社会中产生最广泛的影响力，具有极强的可信度。

小提示

资质认证是我国政府对物业服务企业综合实力的权威认定，也是市场对物业服务企业最重要的信任凭证。

二、品牌创建的思路

对于物业服务企业来说，品牌创建的思路如图4-8所示。

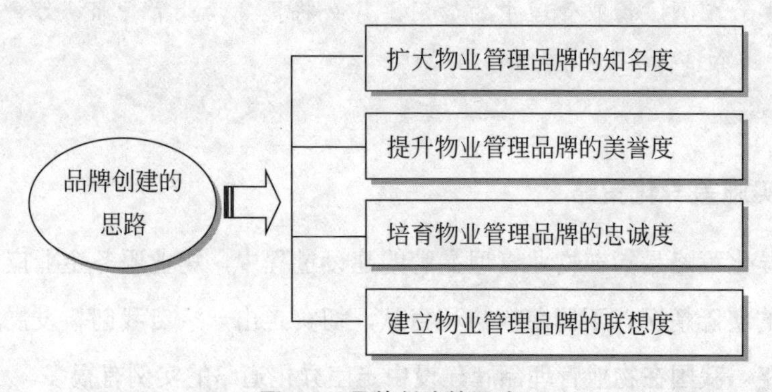

图4-8 品牌创建的思路

1.扩大物业管理品牌的知名度

扩大品牌知名度，也就是扩大品牌的受众面，它是品牌的资产之一，也是品牌传播的初级目标。企业在扩大品牌知名度的过程中，常见的手法有制造“第一”、制造“专家”、事件营销、名人效应和制造悬念等。

2.提升物业管理品牌的美誉度

品牌美誉度是指客户对品牌的品质认知和喜好程度。品质认知是客户对品牌属于优质或是劣质的评价，喜好程度包含了品牌的领导性、创造性。目前我国物业管理仅是初级阶段，大部分企业只是停留在知名度的竞争上，只

有一小部分企业的竞争在美誉度上。要提升其品牌美誉度，主要采取或加强图4-9所示几方面的工作。

措施一	建立顾客信息收集反馈系统和满意分析评估系统，及时倾听业主（用户）的意见和建议
措施二	制定、细化服务流程、服务标准，提供"零缺陷"服务
措施三	建立创新体系，力争管理、技术、服务创新，保持领先，走在行业的前沿
措施四	保证产品（服务）品质和客户期望保持一致，甚至大大超越，给客户以惊喜
措施五	对品质执行建立奖惩机制，创造重视品质的良好氛围

图4-9　提升品牌美誉度的措施

3.培育物业管理品牌的忠诚度

（1）建立业主（用户）对品牌的忠诚度，物业服务企业、服务人员要对业主（用户）忠诚，即把业主（用户）当作真正的朋友。在管理服务过程中，处处体现出管理的公开化、决策的科学化、服务的亲情化、社区的氛围化等。

（2）建立业主（用户）信息数据库，实现数据库营销。所谓数据库营销就是利用企业与业主（用户）的关系信息来辅助个性化的沟通，创造个性化的服务，满足甚至超越业主（用户）的预期，从而培育客户对品牌的忠诚。

（3）利用企业及小区的配套资源、客户资源，成立不同类型的组织，如"健康俱乐部""创业理财俱乐部""文化沙龙"等，在满足业主（用户）需求的同时，传递企业的文化、价值、个性，从而逐步培养业主（用户）对企业品牌的忠诚。

（4）以业主（用户）为关注焦点，建立业主（用户）满意的管理服务模式。

（5）深化文化管理的形式和内容，在各个物业管理项目里培育文化氛围与精神，从而引导业主（用户）的行为和价值观念。

4. 建立物业管理品牌的联想度

建立物业管理品牌的联想度，可从图4-10所示的几个方面入手。

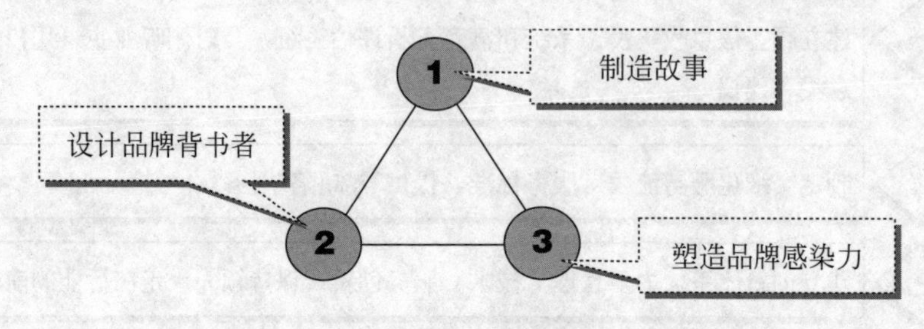

图4-10 建立物业管理品牌联想度的措施

（1）制造故事。

有些企业为了更好地制造故事，还成立了专门的部门，比如新闻中心。通过真实感人的故事，最大限度地传播企业品牌的理念，让品牌以润物细无声的方式走进客户的心中，客户在不知不觉间便接受了品牌。

（2）设计品牌背书者。

设计品牌背书者是建立品牌联想度的有力武器之一。比如，大家一听到，比尔·盖茨，就会联想到微软。

品牌背书者的设计策略，如图4-11所示。

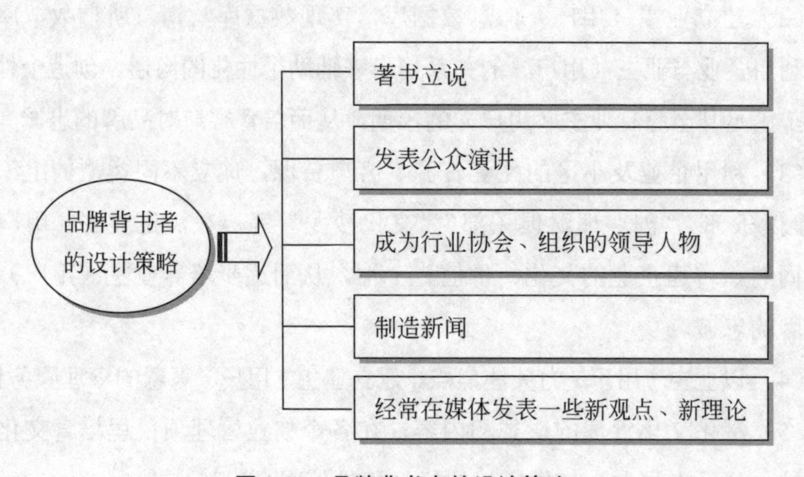

图4-11 品牌背书者的设计策略

（3）塑造品牌感染力。

塑造品牌感染力，即在传播企业品牌的过程中，其理念、风格应具有公益性、大众化、亲和力等特点，以促进企业与广大业主（用户）的关系。

三、品牌管理策略

物业服务企业的品牌管理策略主要包括以下几个方面。

1.品牌定位策略

物业服务企业主要根据物业服务行业的发展趋势，针对业主（用户）的消费需求以及企业品牌创建的需要，客观地分析市场、分析自己，从市场调研、市场细分中寻找适合自己的目标市场，由此进行市场定位。

（1）产品定位。

在产品定位方面，主要体现物业管理服务的个性化和特色。考虑的因素主要如图4-12所示。

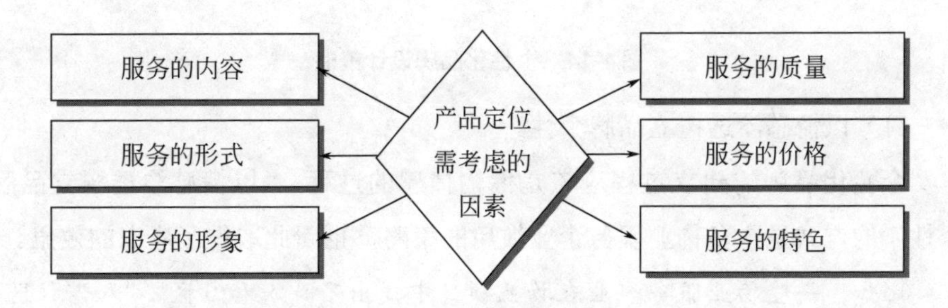

图4-12　产品定位需考虑的因素

比如，万科物业将自己的产品明确定位于“服务方面做行业的领跑者”，显示了品牌的优势。

（2）市场定位。

在市场定位方面，物业服务企业要细分市场并合理选择。考虑的因素主要如图4-13所示。

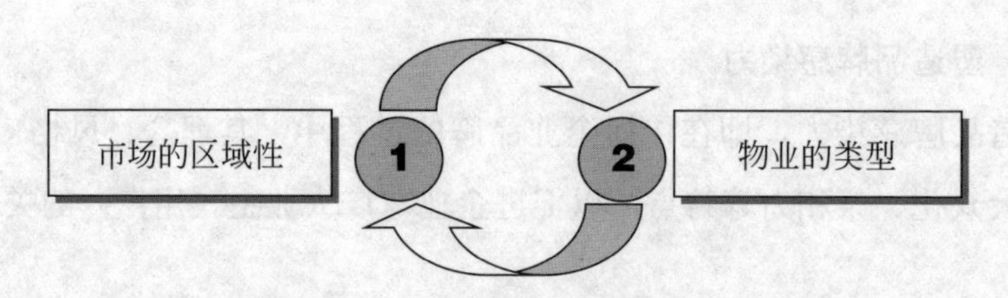

图4-13 市场定位需考虑的因素

比如，中海物业企业的市场定位为“高层细分路线”，只接高档赚钱的物业；而新东升物业服务企业专攻医院物业，这些都是市场定位成功的案例。

2. 个性化品牌设计策略

物业服务企业可采取的个性化品牌设计策略，如图4-14所示。

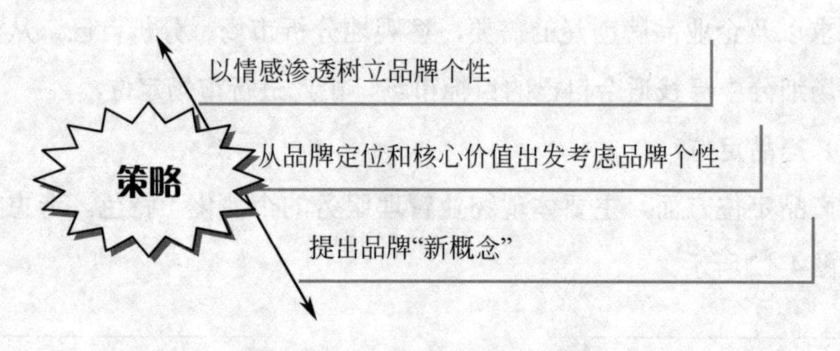

图4-14 个性化品牌设计策略

（1）以情感渗透树立品牌个性。

个性化品牌的建立过程应该是灌输情感的过程，“以情感渗透树立品牌个性”的方式是众多物业服务企业惯用的策略，也因此取得了应有的效果。

比如，一些物业服务企业在物业项目中提出了“人和社区”“和谐社区”“运动社区”“氛围管理”“亲子家园”“精彩生活”等有个性的服务品牌。

（2）从品牌定位和核心价值出发考虑品牌个性。

品牌定位及品牌的核心价值是品牌个性的基础，品牌个性是品牌人性化的表现。

比如，品质生活型的物业项目，其品牌个性为尊贵、高尚、健康、时尚、安全、私密；大众型的物业项目，其品牌个性为阳光、亲和、规范、价格适中。

（3）提出品牌“新概念”。

一个成功的品牌企业，一定凝聚着企业理论和实践智慧的“新概念”。具体而言，就是能提出本企业所追求的最高的物业管理经营、服务、企业文化等一系列具有高度概括性的“新观念”。

比如，万科的“全心全意为您”“持续超越顾客不断增长的期望”“零干扰服务”；中海物业推出的“1拖N”和“氛围”管理模式；万厦物业的“实时工作制”“零缺陷服务”等，无一不体现了物业服务企业品牌的“新概念”策略。

3. 品牌传播策略

品牌的有效传播，能使品牌被广大业主（用户）和社会大众认知；同时，还可以实现品牌与物业管理目标市场的有效对接，为品牌及服务进占市场奠定基础。

（1）品牌传播的内容。

品牌传播是一项系统化的工作，其内容主要如图4-15所示。

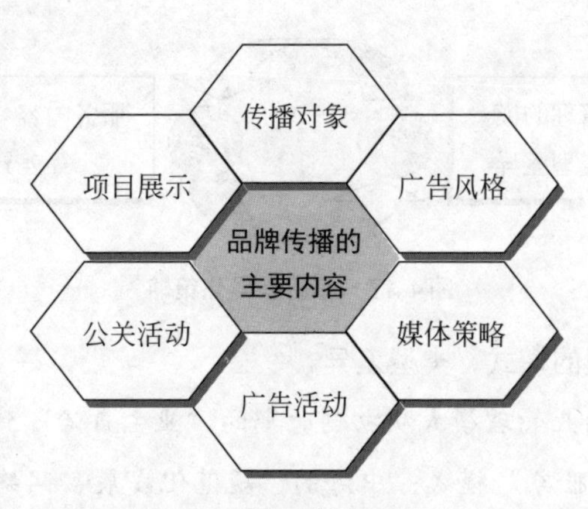

图4-15 品牌传播的主要内容

（2）品牌传播的主要手法。

品牌传播的主要手法，如图4-16所示。

图4-16　品牌传播的主要手法

小提示

物业服务企业应根据自身的特点和资源优势选择适合自己的策略。

4.品牌差异化策略

物业服务企业可采取的品牌差异化策略，如图4-17所示。

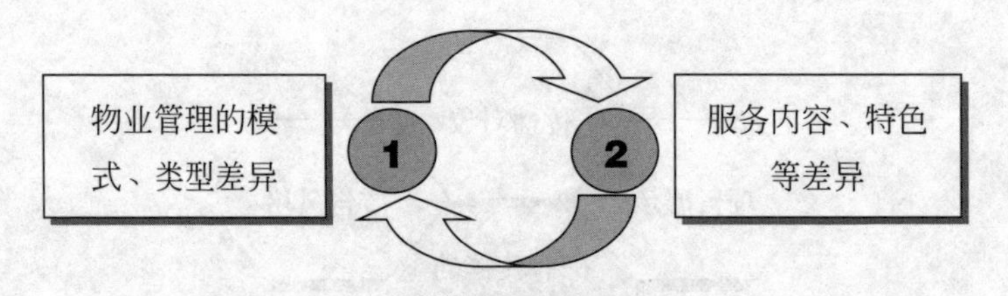

图4-17　品牌差异化策略

（1）物业管理的模式、类型差异。

比如，万科物业管理模式从初创时期的“业主自治”到现阶段的“无人化管理”“个性化服务”模式；中海的“规范化发展、网络化运营、信息化管理、专业化增效”模式，特别是“专业化增效”管理思路极具物业服务行业前瞻性的差异特征；中航物业的“经营型”模式等，都鲜明地凸显了企业品牌的个性特色。

物业管理的类型也应根据企业接管的项目，是商品房、政府开发的物业，还是工业区、学校、医院等特殊物业，而有所差异。

比如，中海物业主要承接高档物业，万科物业的重点是本企业开发的物业等。

（2）服务内容、特色等差异。

比如，大众物业的家政服务中心、万科的房屋租售中心、中海的专业化服务，都能体现各自的差异化服务内容；而服务特色应体现在快捷、可靠、人性化、家庭味等方面。

5.物业品牌的规范化管理策略

管理品牌是把品牌当成“产品”进行经营和管理，这也是管理、创造和维持品牌与业主（用户）关系的过程，这个过程要以规范的管理流程和价值链运营来保障。物业服务这种无形的商品，没有类似其他有形商品的质量评价标准，检验服务质量的唯一标准就是业主（用户）的满意程度。

经验之谈

制定品牌管理手册

制定规范化、标准化的物业品牌管理手册，将服务过程中的每一个动作、每一个微笑、每一句话都制度化，让业主（用户）觉得物业品牌很规范，员工很有素质，从而逐渐培养业主（用户）对物业品牌的信任度和忠诚度。

四、不同发展阶段的品牌策略

物业管理服务的品牌存在着阶段性的特点，在不同的发展阶段，企业应采取不同的服务品牌策略。根据物业服务企业发展的特点，可以将其发展过程分为早期、初期、中期和成熟期四个阶段，在每个阶段均有与其相适应的服务品牌内容和措施。服务品牌的构建、宣传和推广要根据物业服务企业各个发展阶段的特点和企业自身的因素进行策划和实施。

1. 早期物业服务品牌策略

这一阶段，物业服务企业刚刚成立，管理服务项目少、人力资源不充足、资金投入大于产出、管理服务操作模式正在建设中，还没有形成本企业物业管理服务的个性。

在早期服务品牌的建立过程中，应确定适合本企业发展的市场方向，编制适合企业发展并能够有效推广的经营目标、管理方针和企业文化等，并以此为基础建立企业组织机构、规章制度和工作流程。

经验之谈

早期品牌策略需考虑企业自身因素

在此过程中，应充分考虑企业本身的个性化、人性化因素，并在所辖物业项目内进行初步探索和实施，比如，薪金福利体系是否合理、培训管理是否有效、工作流程是否具有可操作性、工具设备是否适合员工使用、工作环境是否健康安全等，为日后的企业团队建设、规范发展和诚信体系建立打下坚实的基础。

2. 初期物业服务品牌策略

在这一阶段，企业管理的物业项目和面积已具雏形，具有一定数量的专业人才，已经有利润产生，市场开发与企业发展定位的适应性处于调整期，管理服务操作模式相对成型，基本形成了本企业物业管理服务的个性，但是，企业文化在管理服务中的作用尚为浅显。

这一阶段的品牌发展策略，如图4-18所示。

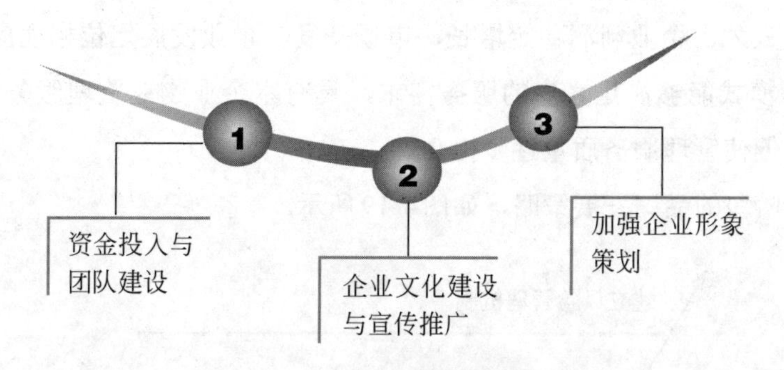

图4-18　初期物业服务品牌发展策略

（1）资金投入与团队建设。

在初期服务品牌的建设过程中，对企业品牌应有项目性资金投入，应进一步完善团队的组织和建设，企业组织机构应涵盖各专业部门，尤其要包括质量管理控制部门。

（2）企业文化建设与宣传推广。

在这一阶段的企业日常经营管理中，企业文化得到初步落实，开始制定、培训和实施标准化、规范化、程序化的管理操作程序，并在此基础上，进行企业内部的人性化管理和对客户的个性化服务。

比如，物业管理人员在企业管理手册的指导下，按照客户的实际需求和项目的实际情况设计项目的具体管理措施和服务内容。同时，物业管理人员在工作中时刻维护和宣传企业的形象，让客户感受到服务的温馨、便利和专业。

（3）加强企业形象策划。

在这一阶段，应当开始研究企业形象策划方案。在企业形象策划方案试运行期间，选择一至两项能够展现本企业服务特点的内容，在熟悉并能够掌控的层面（如客户群体、企业内部、同行业和相关行业），采用简单的形式、高效的方法加以宣传和推广。

3. 中期物业服务品牌策略

这一阶段，企业所管理的物业项目和面积已成规模，有满足企业发展需求的专业人才，企业利润稳定增长，市场开发与企业发展定位相适应，管理服务操作模式能够满足客户的服务需求，具有本企业物业管理服务的个性，企业文化促使管理服务质量逐步提高。

这一阶段的品牌发展策略，如图4-19所示。

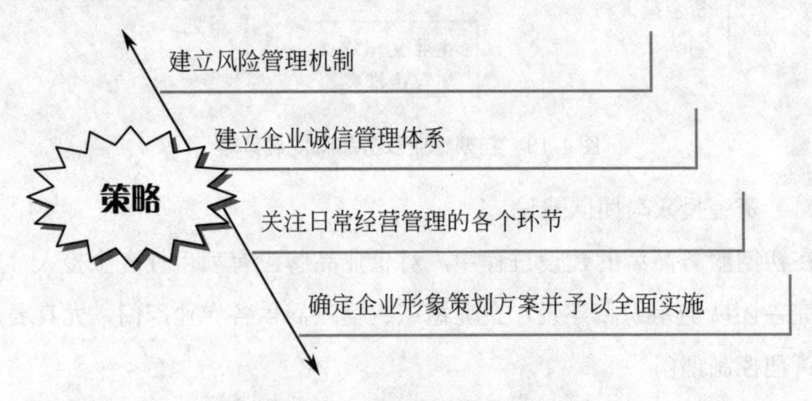

图4-19　中期物业服务品牌发展策略

（1）建立风险管理机制。

在中期服务品牌的建设过程中，对企业品牌建设应有计划性资金投入，应建立风险管理机制，以培养企业的市场承受能力。

（2）建立企业诚信管理体系。

建立企业诚信管理体系，不仅要有宏观理论的指导，还应有具体的管理服务措施予以支持。

（3）关注日常经营管理的各个环节。

在企业日常经营管理的各个环节中，应确保达到图4-20所示的目标。

（4）确定企业形象策划方案并予以全面实施。

该方面的主要工作包括建立企业形象内涵和确定面向社会群体的宣传推广措施。企业应紧密结合需要宣传的具体内容，采用综合性措施进行宣传推广。

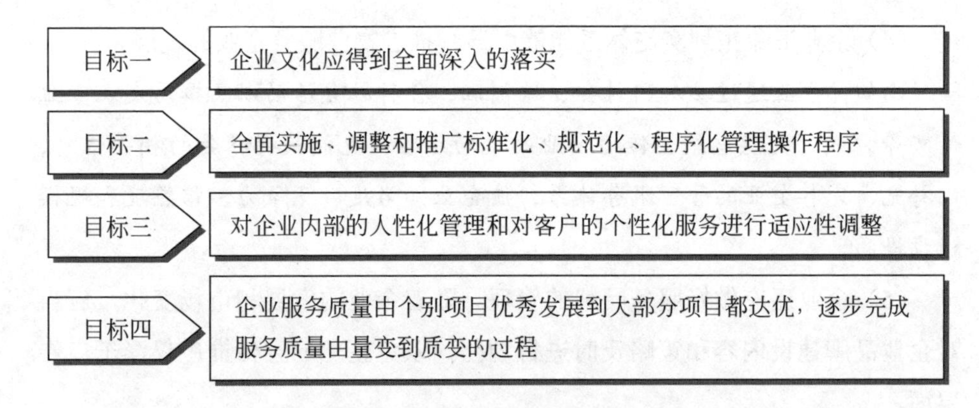

图4-20 日常经营管理环节应达到的目标

比如，编制企业宣传册、组织客户联谊活动、参与物业优秀项目评比、利用各种媒体、参加相关社会活动等。

在企业宣传推广过程中，应培养和挖掘企业内部力量，使每一位员工都可能成为企业的形象代言人，使企业的宣传推广由点发展至面。

4.成熟期物业服务品牌策略

在物业服务企业的成熟期，企业所管理的物业项目和面积已具有较大规模，有物业管理服务各专业所需的专业人才，企业利润合理而稳定，对物业管理行业发展有推动性作用，管理服务操作模式实现了标准化、规范化、程序化，具有本企业的标志性物业管理服务特点，企业文化在企业经营管理过程中发挥着重要作用。

这一阶段的品牌发展策略如下：

（1）在成熟期服务品牌的建设过程中，对企业品牌建设应有持续稳定的计划性资金投入。

（2）建立和完善危机管理体系，以培养企业的决策力和市场应变能力。

（3）企业管理服务内涵应有丰富的积累和沉淀。

比如，企业文化渗透到企业经营管理的日常工作中；建设一支脚踏实地的具有很强务实精神的团队；标准化、规范化、程序化的管理操作程序既有共性又有个性；企业的服务质量具有统一性、恒定性和创新性等特点。

（4）企业形象策划实施体系能够引导、推进物业服务企业的发展。

比如，企业通过参加研讨会、培训班、各种社会活动以及撰写发表专业论文等方式，既能总结、传播企业的成功经验，也能获得社会的相关信息，以补充、完善企业的管理服务体系，使企业知名度、竞争力、信誉度和规模稳步提高。

（5）企业还应做好服务品牌的管理。随着企业的发展和市场变化，应当对企业品牌建设内容和策略及时进行调整，以免企业的宣传推广仅浮于广告层面。

第三节　节能降耗管理

在各种能源价格日益上涨、物业服务费不断下调的状态下，物业服务企业的利润空间已经非常小了。在这种情况下，怎样才能保持并扩大物业服务企业的生存空间呢？开展节能降耗，构建低碳物业无疑是一个非常重要的途径。

一、常见的节能降耗措施

物业服务企业的节能降耗，有图4-21所示的四大措施。

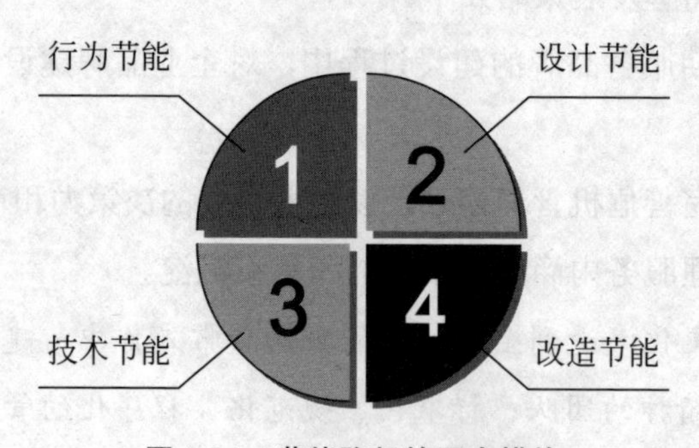

图4-21　节能降耗的四大措施

1. 行为节能

行为节能，就是人为的节能。物业服务企业要注重对员工能源节约意识的培养，可在不同的场合，通过不同的途径对能源节约的意义进行宣传，使节能成为每位物业管理服务人员的自觉行为。让每一个员工都认识到：节能是每位物业管理服务人员的义务，节能需要全体物业管理服务人员的主动参与和相互配合。物业项目的节能工作不仅仅是某几个领导的事，也不仅仅是某个部门的事，而是物业项目全体物业管理服务人员的共同责任。凡是遇到浪费能源的事，物业管理服务人员都有责任加以制止和纠正。要营造一个人人关心节能、人人参与节能的工作氛围和环境。

2. 设计节能

设计节能，就是在楼房设计和建造初期，物业服务企业就要介入，为设计单位和开发企业提供建设性的意见，使其所开发的楼盘项目向着节能环保的方向去设计和建造。这样对后期的物业管理是一个很好的铺垫。

尽早介入是做好物业项目节能工作的有效措施。对物业服务企业而言，物业项目的节能工作绝不能等到物业项目接管后才开始进行，而是应当尽早介入到物业项目的工程设计和工程施工中。

要做好物业项目的节能工作，首先要保证物业项目这个产品是节能的，也就是说这个物业项目所选用的设备全是节能设备、所用的材料都是节能材料，它的电气线路、各种管道、设备选型、设备数量等各个方面都要考虑节能的需要，体现节能的思想。物业管理人员比工程设计人员、工程施工人员、工程管理人员更为了解和掌握各种物业设备设施的耗能情况，具有比较丰富的节能经验和节能体会。物业管理的尽早介入，就是要把这些经验和体会通过业主或建设单位运用到物业项目的工程设计和工程施工中，以弥补设计和施工的缺陷，从而使物业项目更加节能，为今后做好物业项目的节能工作打下基础。

3. 技术节能

技术节能是做好物业项目节能工作的有效方法。技术节能是指运用专业节能产品，达到降低能耗的目的；运用技术方法达到降低能耗的目的。

物业项目可以分成两类：一类是新建物业项目，一类是已经投入使用的物业项目。无论是新建物业项目还是已经投入使用的物业项目，待物业管理能够介入时，物业项目的工程建设均已基本结束或者已经完全结束，这时再想通过改变设计达到节能目的，已经为时已晚，但是物业服务企业可以做好以下工作：

（1）根据自身的节能经验、体会和财务承受能力，运用技术方法，对物业项目的设备设施进行节能改造，从而降低物业项目的能耗。

（2）调整有关设备的运行参数，降低物业项目的能耗。

（3）建议业主或物业经营人投入一定资金，加装专业节能设备、更换高耗能设备。

（4）使用节能产品。技术节能的方法很多，我们要善于去学、善于去想、善于去做。

4. 改造节能

改造节能，就是对现有设备进行技术改造和更新，使其实现最佳节能效果。这方面的改造内容比较多，如制冷机组选配过大、水泵的流量和扬程不匹配，以及楼体围护结构、保温、照明等问题，都涉及能源的节能降耗问题。

（1）改造节能的资金问题。

对设备进行改造通常都需要一笔可观的投入资金，启动资金已经成为制约改造节能项目的关键问题。为解决这个问题，物业服务企业可以在企业内部建立节能基金。节能降耗项目所需的资金可以借款的形式从节能基金中取得，项目完成后再根据该项目获得的节能效益分期还款。

（2）改造节能的技术问题。

节能改造中的另一个难题就是技术问题，要制订合理的、科学的技术改造方案，必须要具有一批精通各专业的技术人才，但绝大多数物业服务企业受管理成本的限制，不可能配备大批的高级技术人员。为解决这一问题，可从表4-1所示的几个方面着手。

表4-1　改造节能技术问题的解决措施

序号	措施	说明
1	集中公司的技术人才，成立工程专业技术委员会	委员主要来自公司内部在职或退休的经验丰富的工程技术人员，一般工程技术人员申请加入工程技术委员会，必须通过总经理办公会的审核认定。委员会利用定期会议、网络交流平台等形式开展节能降耗工作，并参与对项目节能改造方案的审定、实施和验收工作
2	聘请外部专家对公司的节能改造工作给予技术指导	物业服务企业可以根据楼宇的机电系统配置，聘请相应专业的技术专家，他们一方面可以为节能改造工作方案进行诊断，另一方面可以为公司的技术人员进行能源管理工作的培训
3	加强与外部的沟通、联系	加强与政府或社会团体的沟通，进行信息交流和跟踪。同时也可以与大学院所合作建立能源管理实验室，重点帮助解决在能源管理中遇到的技术及工程问题

二、组织节能降耗培训

由于物业服务企业以较低薪金雇佣的操作人员没有经过设备运行管理及节能降耗方面的系统学习，只掌握了系统中单个设备的运行方式，对整个系统的工作原理不甚了解，在遇到情况变化时很难作出及时科学的处理。因此，企业应当把员工节能降耗培训列入企业人力资源管理的一项重要内容。

培训的内容要根据具体情况而定，一般有下列几个方面：

（1）国家能源法律、政策、指令、标准和规定等内容的培训。

（2）能源技术管理基础知识的培训。如用电、用水、用煤、用油、用热、用气等节能技术管理的培训。

（3）能源技术管理方法和手段的培训。如能源的计量与测试、能源消费的统计分析、微机在能源管理上的应用、能耗计算方法与分析，以及能耗定额制度等。

（4）能源经济分析基础的培训。如能源消费经济活动效果的计算和分析、节能工程投资经济效果的计算和评价等。

物业服务企业要根据培训的对象、需要的时间来确定培训方式，如专题报告会、节能系列讲座、交流研讨会等。

三、积极参与工程的前期规划设计

物业管理人员熟悉物业使用过程中的耗能情况，并能充分考虑人们对物业产品和工作居住环境节能方面的需求变化。

因此，物业服务企业在物业前期规划和设计阶段介入并发挥积极的作用，可以提供兼顾实际利益和节能降耗的最优配置方案（如墙体保温节能材料，水的循环使用，在设备选型上选择节能设备等），弥补规划设计人员实践经验的不足，还有利于物业节能设计方案的完善，为以后物业营运管理阶段的节能降耗打好硬件基础。

四、制订并实施节能降耗计划和方案

物业服务企业进行节能降耗管理和服务时，应对物业的能源消耗情况进行调查和分析，并在此基础上制订出切实可行的节能降耗计划和工作方案，来完善有关规章制度和管理办法，加强日常的管理和服务。

五、加大资金投入，加强技术力量

物业服务企业的任何经营管理活动都需要成本，进行节能降耗也不例外。物业服务企业只有提供足够的资金，才能保证节能降耗管理服务工作的顺利开展。另外，在节能降耗的许多重要方面都涉及物业设施的专业技术，需要专门的技术人员来完成。因此，物业服务企业必须加强技术力量。

六、推广节能技术和产品

1. 节能降耗的有效方法

对许多物业服务企业来说，对原有设施设备进行节能改造、推广节能技术和产品，可能是节能降耗的最有效方法，具体如表4-2所示。

表4-2 节能降耗的有效方法

序号	类别	说明
1	照明用电	使用节能灯，对长明灯进行改造，使用感应式非接触型开关（声光控开关），给景观灯安装时间功率调节装置，夜深时降低照度或停止照明以节约用电
2	水泵和供水器具	水泵应选用合适的加压设备，采用变频技术，有效降低能耗。大力推广使用节水型器具，根据用水场合的不同，可选用延时自动关闭式、感应式、手压式、脚踏式、停水自动关式，以及陶瓷片防漏式等节水龙头。景观用水可安装循环水净化设施。有游泳池的小区，可安装水循环过滤系统，提高泳池水的利用率
3	电梯	可使用电源逆变回馈装置，将原消耗在制动电阻上的电能有效地收集起来回馈到电源，除了可以降低电梯的电能消耗外，还可以降低机房温度、改善机房环境、减少空调的启动时间、降低空调的电能消耗
4	建筑供暖、供冷系统	因地制宜，推广太阳能、地热能、水能、风能等再生能源和清洁能源的应用。同时采用新型冷热电联产系统，实现多能源互补，梯级利用

2. 常见的节能产品和技术

（1）T5节能灯。稀土三基色节能灯T5是荧光灯或日光灯、光管、荧光管的一种，管径约16毫米，属于低压气体放电灯。

T8灯管直径在24毫米左右，内部采用稀土做原料，汞做固态化处理，由中频工作的电子镇流器（工作频率为35千赫兹）推动灯管点亮。

T5会比普通的T8（40瓦）灯管节约40%左右的电能，且照度超过T8，目前被广泛应用于工厂、办公场所。

（2）LED节能灯。LED节能灯是继紧凑型荧光灯（即普通节能灯）后的新一代照明光源。LED即半导体发光二极管，是一种固态的半导体器件，它可以直接把电转化为光。LED节能灯的发光源是高亮度白色发光二极管，光效高、耗电少、寿命长、易控制、免维护、安全环保；LED节能灯是新一代固体冷光源，光色柔和、艳丽、丰富多彩、低损耗、低能耗、绿色环保，适用家庭、商场、银行、医院、宾馆、饭店等各种公共场所的长时间照明；LED节能灯无闪直流电，能对眼睛起到很好的保护作用，是台灯、手电的最佳选择。

（3）零耗能人体感应开关。楼层公共区域的照明方式，大多采用普通声光控开关控制25瓦白炽灯，按天平均使用2小时计算，每年将用电46.25度。改为人体感应开关控制5瓦节能灯以后，每年将用电3.65度，一组开关和灯源每年将节电42.6度。每个小区都有很多的公共照明，每年的耗电量是很惊人的，若改为节能型开关和节能灯，将会大大减少用电量。

（4）太阳能照明。太阳能是地球上最直接、最普遍也是最清洁的能源，太阳能作为一种巨量可再生能源，每天达到地球表面的辐射能大约等于2.5亿万桶石油，可以说取之不尽、用之不竭。

太阳能灯采用高效照明光源设计，白天利用太阳光充电，晚上自动照明，安全、节能、无污染，且充电及开关灯过程由微电脑智能控制，并有工作状态显示，无须人工操作，属于当今社会大力提倡的绿色能源产品。

主要应用于城市道路、小区道路、工业园区、景观亮化、旅游风景区、公园、庭院、绿化带、广场、步行街、健身休闲广场等场所的照明及亮化装饰。

（5）电梯节能技术。将电梯运动中负载上的机械能（位能、动能）通过能量回馈器变换成电能（再生电能）并回送给交流电网，供附近其他用电设备使用，使电机拖动系统在单位时间消耗的电能下降，从而达到节约电能的目的。

能量回馈器能有效地将电容中储存的电能回送给交流电网供周边其他用电设备使用，节电效果十分明显，一般节电率可达21%～46%。此外，由于无电阻发热元件，机房温度下降，可减少风机用电。

（6）无负压水泵（深井泵）。该装置采用密封加压和防负压技术，具有如图4-22所示的优势。

优势一	可与城市管网直接联通加压供水。有可靠的防负压、防缺水、防低压取水功能，绝对不会从管网抽水（不负压吸水）
优势二	不用水池、水箱，密封加压，采用不锈钢材质，避免了水质二次污染，有利于居民健康
优势三	特别节省建筑空间。省去水池、水箱，不需专用泵房
优势四	特别节省电力。充分利用自来水压串联加压，设备的效率高，有特殊的变频调速功能，不用水时可保压停机，可比多数设备省电80%
优势五	改善居民住宅环境。设备功率小、噪声低、几乎无振动、不漏水

图4-22 无负压水泵的优势

（7）中央空调水（冰）蓄冷节能技术。中央空调水蓄冷项目其实是利用了峰谷用电的电价差别政策。在深夜用电低谷时，将水降温至4摄氏度左右，再在白天用电高峰时，通过板式换热器，将其冷能释放出来，降低室内温度，减小此时的电量消耗。由于低谷时段的电价比高峰时段的电价低，这样就能省下电费。

七、采取有效的设备保养和使用措施

对于日常物业工作来说，采取有效的设备保养和使用措施，有以下几点工作建议：

1. 把握好各种用能设备的有效运行时间和参数

物业管理人员应掌握各用能设备何时必须使用，何时可以降低负荷或者关掉。用能设备的运行时间和参数，要根据季节或其他条件的变化及时进行调整。比如，户外公共道路照明随季节变化及时调整开关时间，夏季热水温度可以调低，电梯在人流小的时段可以少开几台等。

2. 用能设备数量和配置区域的合理搭配

不同的区域对环境条件的要求不同，所需配置的设备要求也要跟着改变。比如，在供热系统中，长期背着日照、位置隐蔽、湿气重的建筑和房间配置的暖气应采用多管暖气，使热量散发面积更大，而在温度高的建筑区域则可以适当减少暖气设备的管道数。

3. 能量回收和适当节能装置的利用

（1）在通风方面，高温和寒冷季节的新风和排风温差高，可采用能量回收装置，从排风中直接回收能量加以利用，降低新风负荷。

（2）在供热方面，锅炉水的热气可以通过紧密设备、合理通道不断循环，为新水加热。

（3）在供水管网方面，要结合该区域水流供需的容量和速度选用效率最大、成本最低的装置，管网中的配套设备都应在符合建筑设计要求和物业管理要求的前提下采用系统、完善、节能的配置。灌溉应利用中水循环系统，少用或不用自来水。

（4）在发动机方面，鼓励使用省油环保和风冷的汽油机。

（5）在光照方面，根据物业管理区域、场所的不同选择适合的灯具，户外路灯可以采用碘钨灯，大堂照明采用节能灯，地下室等需要长期照明的可以采用日光灯和节能灯等。

4.感应设备的利用

感应设备的利用，既减少了人工运作，又能提高智能化管理，更重要的是能防止能源浪费，节约资源和成本。户外公共道路照明多采用时控和光控方式。走廊、公共卫生间、陈列展馆的橱窗等区域可以采用感应灯具。现在很多公共场所的水龙头出水口用的也是感应器具，这个方法也很值得推广。消防设备应提倡采用火、光、烟雾感应器及时报警，不但保障了业主的安全，也节省了人力与物力。

5.用能设备要定期清洗和保洁

有些物业设备长期置于室外，表面会堆积灰尘，尘埃脏污也容易透过大小孔进入设备内部，造成设备运行功率低下甚至无法正常工作。物业设备的长期运行也容易使设备沾上油污和化学物，这样也加速了设备的老化，所以要定期的清洁用能设备，如空调通风系统的表冷器和过滤器、空调水系统等需要物业人员的定期清洁；供热管网、日常照明设备、监控系统、电梯设备等也要做到及时清洗。

6.物业设备若有损坏要及时进行维修或调整

对于日常工具，使用人员应谨慎对待，加以爱惜，发现有损坏的地方要及时报修，在不影响工作效率的前提下也可以做出改装调整，如割草机割草力度不够，可以调低割草机滚刀的高度或者调高割草机定刀的高度，使滚刀与定刀的间隔达到最适合的距离。

八、严格高效的管理制度

1.以合同模式制定能耗目标考核制度和计量收费制度

物业服务企业应制定节能目标，对各部门甚至各人员提出节能要求，并配以奖惩措施促进大家的主动性。物业服务企业对业主（用户）或承租者的能源消耗尽量采用计量收费，并与他们达成一致意见。这种方法可以以合同的模式制约物业管理者和业户双方，并运用市场激励机制，明确业主（用户）和物业服务企业的节能权利、义务和责任，将降低能源的指标与物业服务企业的经济利益挂钩。

2.通过能耗数据的收集和分析来挖潜节能潜力

要尽量弄清楚楼宇中能源最终消耗在哪些终端设备上，消耗多少，什么时候消耗等，对用电量的情况进行分析。在不断深入调查的过程中，可以发现许多节能的方法。分析的结果，还可以帮助物业服务企业完善节能管理制度，让员工和业主（用户）知晓用能情况，激励员工主动参与节能工作，形成科学节能的企业文化。

九、从员工节能抓起

实现节能目标，物业服务企业还是要依靠企业文化的力量。

（1）将节能管理与员工的收入直接挂钩，在公司内部制定奖惩制度，以提高员工节能的自觉性和积极性。

（2）加强日常管理，完善规章制度，防止不必要的浪费。

（3）对员工进行节能教育，给员工灌输节能降耗的意义和重要性。并从员工的自身修养层面抓起，让他们意识到节俭本身就是一种素养，一种美德，要养成随手关灯、关水的好习惯，杜绝浪费。

（4）在办公中，提倡不浪费一张纸，不放弃纸张回收的做法，办公用纸尽量采用再生纸，无实际意义的传单、报告拒绝打印。

（5）会议记录、通知等工作可以采用电子邮件完成。

（6）员工离岗随时要留意关灯、关电脑。

（7）基层员工的工作要遵守设备使用和节能要求的相关规定，并且要在实践中积极为公司的节能降耗提出可行性建议。

十、做好宣传教育，提高业主（用户）节能意识

1.提高业主（用户）的节能意识，杜绝资源浪费

（1）利用电子屏等公示栏进行宣传，提高业主（用户）的节能意识。

（2）加强节能宣传，重点要宣传节能方法和节能的经济效益和环境效益。

2.提高业主（用户）参与物业节能的主人翁意识

（1）可以以社区期刊、社区工作小报或其他媒介形式在业户中宣传，并以身作则对广大业主（用户）进行节能教育。

（2）物业服务企业还可为业主（用户）提供可行、合理的节能建议。

比如，定期督促业主（用户）清理房间设备，废弃物归类存放并尽量做到自主回收，调整不和谐的作息制度，尽可能多的利用平价电和低谷电等。

目前国外很多城市都建起了节能住宅，我国也开始引进节能住宅的设计和管理理念。节能住宅可从建筑设计、物业管理等方面促成生态社区的建设。生态和谐的社区是节能的社区，优秀的物业管理企业一定不要轻视能源问题，要广泛地在物业全面展开节能工作，不断推动我国和谐社区的建设。

第四节 风险防范管理

一、物业管理风险的类别

由于物业管理工作涉及方方面面，这就给物业管理工作带来一定的复杂性，从而导致的物业管理风险种类也较多。按不同的方式，可将物业管理风险分为以下几类：

1. 按风险产生的原因划分

按风险产生的原因，可将物业管理风险分为自然风险和社会风险两类，具体如表4-3所示。

表4-3 按风险产生的原因划分物业管理风险

序号	类别	具体说明	特点
1	自然风险	自然风险系指由物理和实质危险因素所导致财产毁损的风险，如水灾、火灾、地震等	自然风险是不以物业服务企业的意志为转移的，是在自然状况和客观条件下的风险
2	社会风险	社会风险系指由个人行为的反常或不可预料的集体行动所造成的风险。如盗窃、抢劫等	社会风险的发生将给物业服务企业服务范围内的业主或住户（使用人）造成人身损害、财产损失

2. 按风险的变化程度划分

按照风险的变化程度，可将物业管理风险可以分为静态风险和动态风险两类，具体如表4-4所示。

表4-4 按风险的变化程度划分物业管理风险

序号	类别	具体说明	特点
1	静态风险	静态风险系指由自然力量的不规则变动或个人错误所导致的风险。如企业财产损失风险、员工伤亡损失风险等	这种风险的发生，让物业服务企业只有损失的机会而无获利的机会，通常会使物业服务企业遭受财产、人身及责任上的损失
2	动态风险	动态风险系指由于经济、社会、政治等环境以及人类的技术、组织等变动而产生的风险。如管理服务风险、财务收支风险等	这种风险使物业服务企业除了有损失的机会，同时也有获利的机会

3. 按风险形成的时间划分

按照风险形成的时间，可将物业管理风险可分为早期介入风险、前期物业管理风险和日常物业管理风险三类，具体如表4-5所示。

表4-5　按风险形成的时间划分物业管理风险

序号	类别	具体说明	包括内容
1	早期介入风险	早期介入风险系指物业服务企业充当房地产前期可行性研究或规划设计、施工等阶段的顾问工作所承担的风险	主要包括：介入的风险、项目接管的不确定带来的风险、专业咨询的风险等
2	前期物业管理风险	前期物业管理风险系指自房屋出售之日起至业主大会的召开、业主委员会成立并与物业服务企业重新签订物业管理服务委托合同这段时间内，物业服务企业所承担的风险	主要包括：物业管理服务合同订立、执行的风险，承接查验阶段的风险，与房地产开发企业配合销售、各种配套设施设备完善工作中所遇到的风险等
3	日常物业管理风险	日常物业管理风险系指物业服务企业与业主大会和业主委员会签订物业管理服务合同之后开展正常服务过程中所承担的风险	主要包括：业主（用户）违规装饰装修带来的风险、物业管理服务费收缴风险、各类物业及配套设施使用带来的风险、管理项目外包存在的风险以及法律概念不清导致的风险等

4.按损失的形态不同划分

按损失的形态不同，可将物业管理风险可分为财产风险、人身风险和责任风险三类，具体如表4-6所示。

表4-6　按损失的形态不同划分物业管理风险

序号	类别	具体说明
1	财产风险	财产风险系指财产发生毁损、灭失和贬值的风险，如房屋有遭受火灾、地震的风险
2	人身风险	人身风险系指人们的生、老、病、死导致的损失风险，如物业服务企业内部员工因病死亡带来的风险
3	责任风险	责任风险系指对于他人所遭受的身体伤害或财产损失应负法律赔偿责任，或无法履行契约导致对方受损失应负的契约责任风险。如由于管理服务人员的擅自离岗、缺位，导致业主（用户）家庭财产受损而承担责任风险；又如高空抛物导致路人伤亡，抛物者承担的责任风险

5.按风险承担者的不同划分

按风险承担者的不同，可将物业管理风险可分为物业服务企业风险、业主（用户）风险、房地产开发商风险、专业分包单位风险四类，具体如表4-7所示。

表4-7 按风险承担者的不同划分物业管理风险

序号	类别	具体说明
1	物业服务企业风险	该风险系指在物业管理活动中，由于企业员工管理的缺位或服务质量不到位而使业主（用户）受到损失而带来的风险
2	业主（用户）风险	该风险系指由于广大业主（用户）信息不对称，对物业服务企业及物业管理内容缺乏了解，选择的物业服务企业提供的服务和内容并未达到标准，即出现质价不符，使广大业主（用户）受到精神与经济损失的风险
3	房地产开发商风险	该风险系指前期介入的物业服务企业所提供的服务并未使楼盘建设及楼盘销售达到预期目标带来的风险
4	专业分包单位风险	该风险系指物业服务企业把一些独立的服务分给专业公司去做（例如保洁、绿化、维修、安全护卫等），他们面临的风险是资金的压力、服务质量、价格的竞争

二、物业管理风险产生的原因

对物业服务企业来讲，必须对风险产生的原因进行分析，有针对性地采取纠正预防措施，避免给企业带来不必要的损失。物业管理风险的产生原因，主要有图4-23所示的几点。

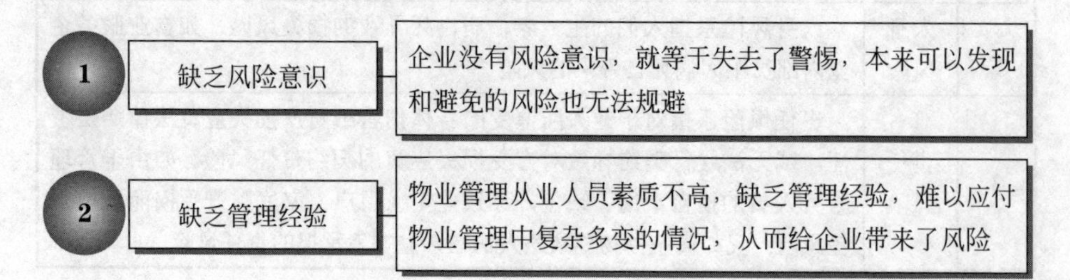

3 物业管理法律法规不健全 —— 物业管理的法规长期滞后于物业管理发展的实践，使许多问题缺乏明确的法律依据，加大了物业服务企业的风险

4 物业管理合同风险 —— 物业服务企业在签订合同时没有明确约定相关责任或忽视了相关条款，甚至做出一些承诺，致使合同在履行过程中处于被动局面

5 缺乏政府及时的支持 —— 政府对物业管理中发生的问题不能及时反应，也给物业服务企业带来了极大的风险

6 缺乏保险意识 —— 物业服务企业如果缺乏保险意识，一旦发生意外，将承受巨大的损失

图4-23　物业管理风险产生的原因

三、物业管理风险的识别

1.项目运作风险的识别

项目运作风险是指项目在运作阶段，由于物业本身的瑕疵、开发商与业主的矛盾、业主委员会不称职等因素造成损失的风险，具体表现如表4-8所示。

表4-8　识别项目运作风险

序号	表现形式	生命周期	发生概率	可能损失
1	新建物业无合法报建手续、违章建筑、接管后造成“违法管理”	前期物业服务期	小	罚款、曝光
2	开发商与业主的矛盾，让企业腹背夹击	前期物业服务期	大	管理被动、物管费不能按时收取

续表

序号	表现形式	生命周期	发生概率	可能损失
3	业主委员会成立后解除合同	后期物业服务期	中	物业管理权丧失
4	业主大会或业主委员会滥用职权	后期物业服务期	中	管理被动
5	业主大会或业主委员会未按法定程序成立	后期物业服务期	小	服务合同无效、管理权丧失、管理被动
6	非业主滥用业主权	后期物业服务期	中	管理被动

2. 治安风险的识别

治安风险是指由于外界第三人的过错和违法行为，给物业管理服务范围内的业主（用户）或非业主造成的人身损害和财产损失等风险，具体表现如表4-9所示。

表4-9　识别治安风险

序号	表现形式	生命周期	发生概率	可能损失
1	入室盗窃	物业管理全过程	大	罚款、曝光
2	入室抢夺、抢劫	物业管理全过程	大	罚款、曝光
3	入室故意伤害	物业管理全过程	大	罚款、曝光
4	入室故意杀人	物业管理全过程	大	罚款、曝光
5	公共区域盗窃	物业管理全过程	大	罚款、曝光
6	公共区域抢夺、抢劫	物业管理全过程	大	罚款、曝光
7	公共区域故意伤害	物业管理全过程	大	罚款、曝光
8	公共区域故意杀人	物业管理全过程	大	罚款、曝光

3. 车辆管理风险的识别

车辆管理风险是指在物业服务企业经营车辆停放服务过程中，发生车身受损、车辆灭失等损失的风险，具体表现如表4-10所示。

表4-10　识别车辆管理风险

序号	表现形式	生命周期	发生概率	可能损失
1	车内物品被盗	物业管理全过程	中	赔偿
2	车身受损，包括刮擦、坠物砸车	物业管理全过程	大	赔偿
3	车辆灭失	物业管理全过程	中	赔偿
4	物业内交通事故	物业管理全过程	中	赔偿

4. 消防管理风险的识别

消防管理风险是指因火灾造成的业主公共利益受损的风险，具体表现如表4-11所示。

表4-11　识别消防管理风险

序号	表现形式	生命周期	发生概率	可能损失
1	电器线路引发火灾	物业管理全程	大	处罚、曝光、刑事拘役
2	明火引发火灾	物业管理全程	大	处罚、曝光、刑事拘役
3	爆炸	物业管理全程	小	人员伤亡、赔偿
4	室内浸水	物业管理全程	大	物品损坏、赔偿
5	机房进水	物业管理全程	小	设备烧损

5. 设备风险的识别

物业主要包括房屋本体公共部位及物业管理服务范围内的房屋建筑物的附着物、坠落物和悬挂物；公共设施和设备包括供水、供电、安全报警系统，排水和排污系统，配套的娱乐设施等。物业、公共设施和设备的多样性和分散性特点，使与之有关的风险也频繁发生，具体表现如表4-12所示。

表4-12　识别设备风险

序号	表现形式	生命周期	发生概率	可能损失
1	触电伤人	物业管理全程	中	赔偿
2	房屋附着物垮塌	物业管理全程	小	人员伤亡、物品损坏、赔偿

续表

序号	表现形式	生命周期	发生概率	可能损失
3	爆管	物业管理全程	中	业主矛盾、拒交物业管理费、水资源流失
4	二次供水设备损坏	物业管理全程	小	业主矛盾、拒交物业管理费
5	水箱污染	物业管理全程	小	人员伤亡、赔偿、曝光
6	突然的超负荷、短路或停送电造成电气设备设施损毁	物业管理全程	小	赔偿
7	电梯困人	物业管理全程	大	业主矛盾
8	设备检修、保养伤人	物业管理全程	中	人员伤亡、赔偿
9	公共设施设备、娱乐设施设备伤人	物业管理全程	大	人员伤亡、赔偿
10	单元门对讲设备故障导致业主不能进门	物业管理全程	中	业主矛盾
11	背景音乐室外音箱遭到破坏	物业管理全程	小	设备损坏
12	化粪池爆炸	物业管理全程	小	设施损坏、人员伤亡、赔偿

6. 公共环境风险的识别

公共环境风险是指小区和大厦等公共区域的工程施工、绿化施工、消杀等工作可能会对业主造成伤害的风险，具体表现如表4-13所示。

表4-13　识别公共环境风险

序号	表现形式	生命周期	发生概率	可能损失
1	儿童落水	物业管理全程	中	人员伤亡、赔偿
2	儿童戏水触电	物业管理全程	中	人员伤亡、赔偿
3	游泳池伤人	游泳池开放过程	中	人员伤亡、赔偿

续表

序号	表现形式	生命周期	发生概率	可能损失
4	植物伤人	物业管理全程	中	人员伤亡、赔偿
5	跌落、滑倒、碰撞	物业管理全程	大	人员伤亡、赔偿
6	业主宠物伤人	物业管理全程	中	人员伤亡、赔偿

7. 内部管理风险的识别

内部管理风险是指由内部管理及劳资纠纷、不安全生产及违规操作造成的风险，具体表现如表4-14所示。

表4-14　识别内部管理风险

序号	表现形式	生命周期	发生概率	可能损失
1	员工损公肥私、贪污盗窃或监守自盗	物业管理全程	大	资金损失
2	猎头挖人	物业管理全程	大	主要管理人员流失
3	员工消极怠工、激烈冲突、集体跳槽	物业管理全程	小	服务工作无法开展
4	高空作业不安全生产	物业管理全程	小	人员伤亡、赔偿
5	电器设备违规操作	物业管理全程	小	人员伤亡、赔偿

8. 收费风险的识别

收费风险是指企业收费方面出现的风险，具体表现如表4-15所示。

表4-15　识别收费风险

序号	表现形式	生命周期	发生概率	可能损失
1	业主长时间拖欠费用	物业管理全程	大	服务工作不能正常开展
2	业主集体拒交费用	物业管理全程	小	服务工作不能正常开展
3	物业管理费标准不统一	物业管理全程	大	业主拒交物业管理费
4	水电费的拖欠	物业管理全程	小	停电、停水

9. 自然灾害风险的识别

自然灾害风险是指因狂风、暴雨、恐怖行为及流行疾病等造成的风险，具体表现如表4-16所示。

表4-16 识别自然灾害风险

序号	表现形式	生命周期	发生概率	可能损失
1	雷击	物业管理全程	大	人员伤亡、赔偿
2	暴雨	物业管理全程	大	设备机房、停车场进水，造成设备损坏
3	大风	物业管理全程	大	物品坠落、人员伤亡
4	恐怖行为	物业管理全程	小	人员伤亡
5	流行性疾病	物业管理全程	大	人员伤亡

四、物业管理风险的防范

1. 项目运作风险的防范

项目运作风险的防范措施，如表4-17所示。

表4-17 项目运作风险的防范

序号	表现形式	风险预控	采取措施
1	新建物业无合法报建手续、违章建筑、接管后造成“违法管理”	风险转移	物业接管验收时严格把关，并在“前期物业服务合同”中增加相应条款，实现非保险型风险转移
2	开发商与业主的矛盾，让企业腹背夹击	风险自留	做好与开发商和业主的沟通工作
3	业主委员会成立后解除合同	风险自留	准确引导成立业主委员会，形成管理服务的有利面

续表

序号	表现形式	风险预控	采取措施
4	业主大会或业主委员会滥用职权	风险自留	建立业主委员会沟通和监测管理机制，通过沟通正确引导业主委员会的行为
5	业主大会或业主委员会未按法定程序成立	风险自留	准确引导成立业主委员会，注意监测非业主委员会委员的动态
6	非业主滥用业主权利	风险自留	积极与业主委员会、业主进行沟通，并在物业服务手册和协议中明确业主的权利和义务，加强宣传

2. 治安风险的防范

治安风险的防范措施，如表4-18所示。

表4-18　治安风险的防范

序号	表现形式	风险预控	采取措施
1	入室盗窃	风险自留	（1）封闭式物业，对外来人员实行进入登记，经业主（用户）同意后方可入内；巡逻人员加强巡逻，注意外来人员动向 （2）非封闭式物业，加强巡逻；监控消防中心严格监督外来人员动向和接警处理；监控报警设备正常使用，如故障短时间内不能修复，应采取相应的加强措施；建立预案
2	入室抢夺、抢劫		
3	入室故意伤害		
4	入室故意杀人		
5	公共区域盗窃		
6	公共区域抢夺、抢劫		
7	公共区域故意伤害		
8	公共区域故意杀人		

3. 车辆管理风险的防范

车辆管理风险的防范措施，如表4-19所示。

表4-19 车辆管理风险的防范

序号	表现形式	风险预控	采取措施
1	车内物品被盗	风险转移	购买停车票时附带购买停车保险；签订车位使用协议，明确车场管理内容；在车场明显位置注明停车须知，明确车场管理内容及车主应遵守的规定；加强车辆进出管理和巡视；取得车场合法经营权
2	车身受损，包括刮擦、坠物砸车		
3	车辆灭失		
4	物业内交通事故	风险自留	设置车辆行驶标识和限速标识；加强车辆行驶疏导

4.消防管理风险的防范

消防管理风险的防范措施，如表4-20所示。

表4-20 消防管理风险的防范

序号	表现形式	风险预控	采取措施
1	电器线路引发火灾	风险转移与自留	物业接管时明确要求消防已经过验收，并合格；在消防维保合同中明确管理责任；在治安消防安全责任书中明确业主管理责任；加强消防设施设备的日检、周检、月检、季检、年检，做好记录；建立预案，加强人员培训和演练
2	明火引发火灾		
3	爆炸	风险自留	封闭式物业，对外来人员实行进入登记，经业主（用户）同意后方可入内；巡逻人员加强巡逻，注意外来人员动向。非封闭式物业，加强巡逻；监控消防中心严格监督外来人员动向和接警处理；监控报警设备正常使用，如故障短时间内不能修复，应采取相应的加强措施
4	室内浸水	风险自留	加强装修监管，禁止破坏防水层；在装饰装修管理服务协议中明确责任；建立预案；备用物资到位
5	机房进水	风险自留	加强机房巡视；建立预案，并加强人员培训

5. 设备风险的防范

设备风险的防范措施，如表4-21所示。

表4-21　设备风险的防范

序号	表现形式	风险预控	采取措施
1	触电伤人	风险自留	加强物业内配电箱、线路的巡视，并增加安全标识
2	房屋附着物垮塌	风险自留	加强装修监管，严禁增加房屋附着物；加强宣传
3	爆管	风险自留	加强巡视和维护；建立预案，并组织人员培训和学习
4	二次供水设备损坏		
5	水箱污染	风险自留	严格办理相关证件；水箱上锁并按规定定期清洗、检测；加强巡视
6	突然的超负荷、短路或停送电造成电气设备设施损毁	风险自留	加强与供电局沟通，保证停送电信息的准确；加强设备巡视，保证设备运行正常；计划性停电提前告知业主；建立预案，并加强人员培训
7	电梯困人	风险转移	在电梯维保合同明确责任；加强电梯巡视，保证设备运行正常
8	设备检修、保养伤人	风险自留	提前告知；设置标识
9	公共设施设备、娱乐设施设备伤人	风险自留	加强设施巡视，保证设施运行正常；告知娱乐设施使用要求
10	单元门对讲设备故障导致业主不能进门	风险自留	加强巡视，及时维修和养护；物业巡逻治安人员熟悉单元门启闭程序
11	背景音乐室外音箱遭到破坏	风险自留	加强巡视，及时检修；加强业主引导
12	化粪池爆炸	风险自留	加强巡视，及时清掏

6. 公共环境风险的防范

公共环境风险的防范措施，如表4-22所示。

表4-22　公共环境风险的防范

序号	表现形式	风险预控	采取措施
1	儿童落水	风险自留	增加安全标识；加强巡逻
2	儿童戏水触电		
3	游泳池伤人	风险转移	购买保险；明显处设置游泳须知和禁止标识；取得游泳池合法经营证件；建立预案，并组织人员培训
4	植物伤人	风险自留	加强植物修剪；在“尖麻”等植物处增加标识
5	跌落、滑倒、碰撞	风险自留	易滑处增加提示标志；维修和更新改造时采取隔离措施，增加明显标识
6	业主宠物伤人	风险自留	加强引导；要求业主将宠物备案；加强巡视

7. 内部管理风险的防范

内部管理风险的防范措施，如表4-23所示。

表4-23　内部管理风险的防范

序号	表现形式	风险预控	采取措施
1	员工损公肥私、贪污盗窃或监守自盗	风险自留	加强人员培训和思想教育；加强收费管理
2	猎头挖人	风险自留	加强企业文化建设；形成良好的晋升和激励机制
3	员工消极怠工、激烈冲突、集体跳槽	风险自留	及时掌握员工思想动态，增加沟通
4	高空作业不安全生产	风险转移	外墙清洗采用外包时，在合同中明确责任；建立室外高空维修安全操作规程，并严格执行；为员工购买工伤保险或商业险
5	电器设备违规操作	风险自留	建立室外高空维修安全操作规程，并严格执行；为员工购买工伤保险或商业险

8.收费风险的防范

收费风险的防范措施，如表4-24所示。

表4-24　收费风险的防范

序号	表现形式	风险预控	采取措施
1	业主长时间拖欠费用	风险自留	建立物业管理费拖欠预警机制，加强管理；加强与住户沟通，注意重点客户的监控
2	业主集体拒交费用		
3	水电费的拖欠		
4	物业管理费标准不统一	风险自留	建立良好的控制和应对措施

9.自然灾害风险的防范

自然灾害风险的防范措施，如表4-25所示。

表4-25　自然灾害风险的防范

序号	表现形式	风险预控	采取措施
1	雷击	风险自留	定期检测，保证防雷设施完好
2	暴雨	风险自留	注意气候变化；建立预案，定期组织培训和演练；保证应急物资到位
3	大风		
4	恐怖行为	风险自留	建立预案，组织学习和演练
5	流行性疾病	风险自留	建立公共卫生事件应急预案，组织学习和演练

五、物业管理风险的预控

根据物业管理风险的特点、性质、类别及其潜在影响，在物业管理风险发生前，物业服务企业应采取图4-24所示的各种预控手段，力求消除或减少风险。

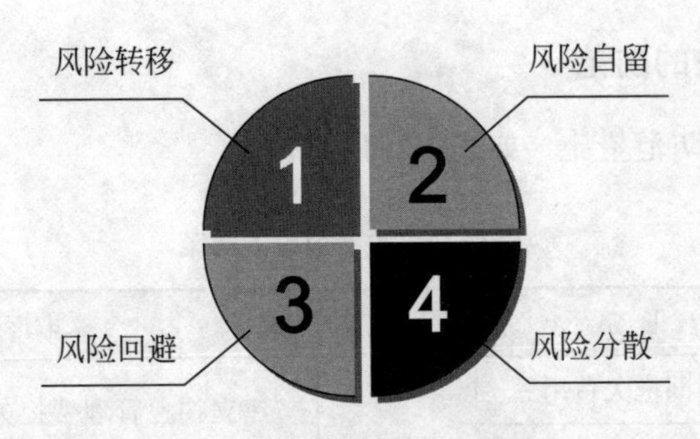

图4-24 预控物业管理风险的措施

1.风险转移

物业管理风险转移是指物业服务企业将其损失有意识地转嫁给与其有经济利益关系的另一方承担，目前许多物业服务企业都在使用这种风险管理方式。

具体做法有：

（1）非保险型转移风险。

物业服务企业常常将风险影响较大的、企业不能接受的、可分散的部分工程，通过签订专项服务合同的形式，分包给专业技术性强的其他公司来承担，这实际上就是将风险损失转移给另一方承担。

比如，物业服务企业把所管理大厦的玻璃外墙清洗工作分包给设备优良、专业化程度高且技术性强的专业清洗公司，并在协议条款中明确了具体的责任问题，巧妙地转移了风险损失责任。

物业服务企业可以在协议条款中设立“免责约定”。比如，合同中载明“若被委托方在管理过程中造成业主或使用人的人身、财产损失时，责任和费用由被委托方承担”。

（2）保险型转移风险。

即参加保险，以小数额的保费为代价，避免日后需承担的风险。实践中，物业服务企业可以为自己的财产、运输工具、机械设备等进行投保。物业服务企业还可以为员工投保意外伤害险和健康保险，这是因为在物业管理服务过程中，有可能发生或出现意外事故，如触电、坠落等。

2.风险自留

物业管理风险自留是指物业服务企业预期某项风险不可避免时，自行设立基金，自行承担的风险处置方式。在处置自留的风险时，物业服务企业要采取各种措施减少风险发生的概率以及降低风险损失的程度。

现实中物业服务企业通常的做法如下：

（1）招聘经验丰富的物业管理人员参与全过程的管理。

（2）与外聘的保险公司的专家共同组成风险防范小组。

（3）主动采取措施做好财务准备等工作。

比如，在对物业管理经费进行财务预算时，通过留有一定余地来预防“漏交率”升高带来的风险。

3.风险回避

物业管理风险回避是指物业服务企业根据自身的实际情况、经济能力，选择风险较小的管理项目或放弃那些风险较大的经营服务项目。

对于一些物业管理资质低、管理经验不足的企业，通常选择普通住宅小区来回避自身经营不善带来的风险。

需要特别注意的是，风险与收益共存，一味地、盲目地进行风险回避也是不合适的，它会导致企业失去进取精神。

4.风险分散

物业管理风险分散是指物业服务企业通过科学的管理组合，如不同类型物业的管理组合、不同管理期限的组合、物业服务企业自身的“集团式”管理组合，使企业的整体风险得到分散，从而达到有效控制风险的目的。

应该注意的是，物业服务企业在选择物业时，要注重高风险类型物业和低风险类型物业的适当搭配，以弥补彼此之间的不足。另外还要注意同期管理的物业数量，所管理的物业数量太少时，风险分散的作用不明显；而所管理的物业太多时，会加大组织管理的难度，分散物业服务企业的资源，从而影响组合的整体效果。

案例赏析

疏于管理引发的大祸

【案例背景】

某管理处在大厦入口外墙上安装了一块广告宣传栏，宣传栏宽1米，长1.5米，重约8公斤。某一天，台风登陆该市（天气预报已提前预告），风力超过10级，最高达12级左右。台风将宣传栏刮起，砸坏、刮花了业主停放的多台汽车，各业主修车总共花费将近6万元，他们要求物业公司赔偿。

经调查，该宣传栏是3年前安装的，固定的4个螺丝中，有两个已经锈蚀、滑牙，经过台风长时间的吹刮，断裂，酿成了大祸。

【案例分析】

首先，“不可抗力”是指不能预见、不能避免并不能克服的客观情况。本案例中，台风信息已经提前准确预告，物业公司作为专业的公司应该预见到台风登陆所造成的影响，提前做好防灾工作，宣传栏被刮起的情况完全可以避免，所以，“不可抗力”并不能成为物业公司免责的理由。

其次，物业公司作为广告宣传栏的所有者，对宣传栏疏于检查，致使固定螺丝中有两个已经锈蚀、滑牙；并且在已经知道台风将至的情况下，未做任何检查和预防措施，所以应该承担责任。

最后，此案例也为物业管理人员敲响了警钟，在物业管理日常工作中，应该忠于职守，做好设施设备的巡查、维修、保养等常规工作，保证设施设备处于正常的工作状态。在台风等灾害性事故来临前，应该体现专业公司应有的预见能力和预防能力；而不能以台风、暴雨、冰雹等不可抗力为借口，忽视履行自己的安全防范义务。

学习回顾

1. 多种经营可以从哪些方面入手？
2. 多种经营的收益如何分配？
3. 物业服务企业如何创建自己的品牌？
4. 成熟期的物业该如何发展品牌？
5. 常见的节能降耗措施有哪些？
6. 设备保养和使用方面如何节能降耗？
7. 如何识别物业管理的风险？
8. 如何防范物业管理的风险？

学习笔记

____

____

____

____

____

____